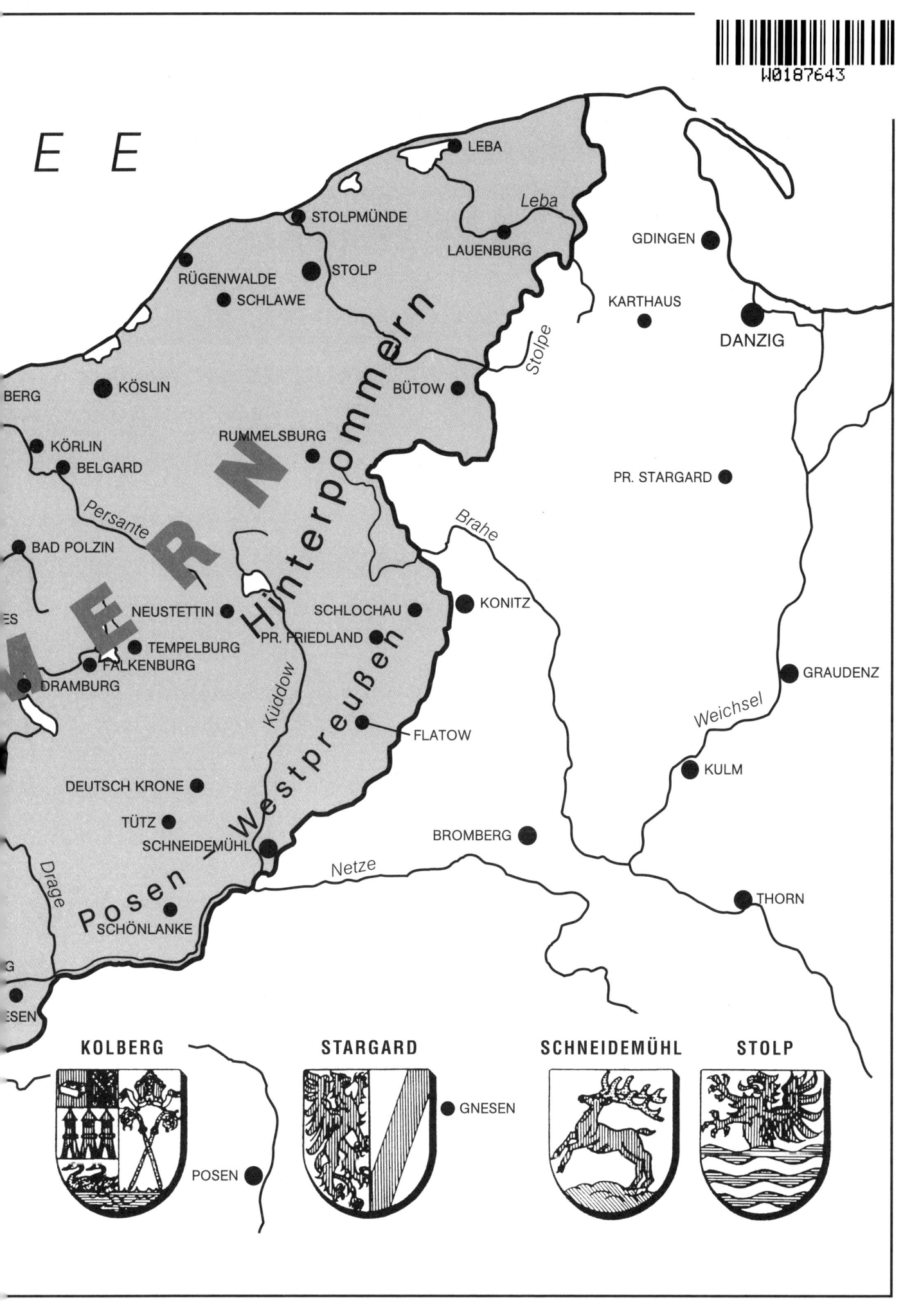

E E

LEBA

STOLPMÜNDE

Leba

LAUENBURG

GDINGEN

RÜGENWALDE

STOLP

KARTHAUS

SCHLAWE

DANZIG

BERG

KÖSLIN

RUMMELSBURG

BÜTOW

Stolpe

KÖRLIN

BELGARD

PR. STARGARD

Persante

Brahe

BAD POLZIN

Hinterpommern

NEUSTETTIN

SCHLOCHAU

KONITZ

TEMPELBURG

PR. FRIEDLAND

FALKENBURG

Küddow

GRAUDENZ

DRAMBURG

Westpreußen

Weichsel

FLATOW

DEUTSCH KRONE

KULM

TÜTZ

SCHNEIDEMÜHL

BROMBERG

Netze

Drage

THORN

Posen

SCHÖNLANKE

ESEN

KOLBERG

STARGARD

SCHNEIDEMÜHL

STOLP

GNESEN

POSEN

*Unvergessene
Heimat*

Pommern

Bernd G. Längin

*Unvergessene
Heimat*

Pommern

Land am Meer

Bilddokumentation
Hanns Michael Schindler

Bechtermünz

Der Inhalt

Copyright © 2002 by Verlagsgruppe Weltbild GmbH, Steinerne Furt, 86167 Augsburg
Umschlaggestaltung: Studio Höpfner-Thoma, München
Umschlagmotiv: Bildarchiv Preußischer Kulturbesitz, Berlin
Satz: Buch & Grafik Design Günther Herdin GmbH, München
Gesamtherstellung: Appl Firmengruppe GmbH, Senefelderstraße 3–11, 86650 Wemding

Bildnachweis
Hansaluftbild, Agnes Lange, Archiv »Der Volksdeutsche«, Archiv Graudenz-Schindler, Techno-Photographisches Archiv/Friedenau, Volksdeutscher Bilderdienst, Transozean/Berlin, Staatsbibliothek Berlin, Photographische Gesellschaft Berlin, Foto Scherl, Foto Balke/Stettin, Presse-Bild-Zentrale, Volksbund-Archiv, Verlagsgruppe Weltbild GmbH/Augsburg, Archiv des Autors.

Printed in Germany

ISBN 3-8289-3144-8

Seite 2: Das Mühlentor in Stargard: Über dem trägen Lauf der Ihna lübischen Vorbildern nachgebildet, haben die Stargarder das zweitürmige Mühlentor zum Wahrzeichen ihrer Stadt gemacht.

Je fester die Faust, je näher an Pommern

Warum die Pommern waren, wie sie waren (sind wie sie sind)

Es gibt Vorurteile, die unausrottbar scheinen. Eines davon betrifft das preußische Pommern, das in aller Regel mit seiner Landschaaft beginnt: flaches Land, Küste und lichte Kiefernwälder, endlose Kartoffel- und Getreidefelder, ein paar Hügel, hin und wieder ein Ortsschild, das typisch deutsch auf -hagen oder typisch slawisch auf -ow, -itz (nicht selten auch auf witz) endet. Ein anderes betrifft die pommerschen Preußen: kein Volk, sondern tapfere, trinkfeste, monarchentreue, Süß-Saures liebende Untertanen, die Kenner in trotzig-rückständige vordere und trotzig-rückständige hintere unterscheiden. Natürlich stimmen Vorurteile nicht ... wenn sie Pommern betreffen nur manchmal!

Pommern, das waren Menschen an Tollense oder Trebel, am Wdzydze- oder Wothschwiensee, aus deutschen Lebenswelten mit so ungeläufigen Namen wie Barnimskunow, Czarndamerow, Rathsdamnitz oder Rothenklemponow (zugegeben: auch Rohr, Rörchen an der Röhrike, Hochzeit, Neuhochzeit, Scheune oder Benzin bei Stolp). Es war Hausgemachtes wie Tollatsch, Kollatschen, Krülltoffeln und Niejöhrsschröttchen, süße Blutwurst, Biersuppe, Mehlklimpern, Kümmelkreuze und Thymianstipp, nicht zu vergessen das Landschaftsgericht *gestowte* Schweineschmalz und -bauch, Majoran und Mehl, Petersilie und Zwiebeln) im gnadenlosen Platt.

Pommern, das war das Musterland der *Krautjunker* und *Kornbarone*. Die hatte der als unbestechlich geltende Theodor Fontane im Restreich als »*eine Störung, ein Hemmnis, einen aus Böswilligkeit oder Dummheit auf die Schie-*

ne gelegten Stein« bekannt gemacht. Trotzdem gehörten sie in die Provinz wie der Pökelaal zum Küstenfischer, die *Kartufflesupp* zum Sommertag oder Schit-Lot-Em auf den Wirtshaustisch, um beim Typischen zu bleiben.

Das Küstenland hatte seinen Himmel (ein Hühnengrab auf Rügen), seine Hölle (im Kreis Belgard-Schivelbein), mittendrin sein Babylon (ein Hügel in Flötenstein am Hammerfließ) und obendrein ein Paradies (in Stolp). Was ihm fehlte, war das gewisse Internationale, wie es andere deutsche Landschaften – das Mittelstück des Rheins etwa oder das bayrische Alpenvorland – ausstrahlten. Pommerns Städte waren ohne den literarischen Ruhm Heidelbergs, den Prunk Münchens oder die Verführungen Hamburgs geblieben, seine Geschichte ohne epische Sensationen wie Wahlstatt, Leipzig oder Königgrätz. Adel und Unedel hatten weder Goethesche Klarheit noch Schillerschen Schwung hervorgebracht, keinen Kant oder Beethoven, keine Albertina als Kreissaal der Philosophie ... was den Pommernführer des Pestalozzivereins noch im Jahre 1909 klagen läßt: »*Von unserem Pommerlande kennt man höchsten s einige Gebiete an der Küste, alles übrige Land hält man für weite Moor- und unfruchtbare Sandebene, bewohnt von einem etwas rückständigen Volksstamme, namentlich gilt das für Hinterpommern.*«

Tatsächlich lehnte mancher prominente Besucher die hin wieder schwierige Schönheit des Nordens dann auch recht kategorisch ab: »*Des Nordens – puff! diese kleine Schönheit Rügens weckte mir wieder den alten Glauben, die alte Antipathie auf: der Norden ist traurig, und es ist eine geschickte Übereinkunft zum Besten der Nordländer, eine Phrasenverschwörung, von der Schönheit und Tüchtigkeit des Nordens zu reden Es mag den Leuthen gut und nöthig sein, auch dieser dürftigen Natur einen Reiz anzudichten, und diesen charakteristischen Reiz, den alles Wirkliche und Selbständige hat, für etwas Absolu-*

Mine Heimat

»*Wo de Ostseewellen Trecken an den Strand, Wo de gele Ginster Bleugt in'n Dünensand, wo de Möwen schriegen, grell in't Stormgebrus, Da is mine Heimat, Da bün ick tau Hus.*

Well- und Wogenrauschen wir min Weigenlied, Un de hohen Dünen Segn min Kinnertied, Segn uck mine Sehnsucht un min heit Begehr, in de Welt tau fleigen Oewer Land un Meer.

Woll hät mi dat Leben Dit Verlangen stillt, hät mi allens geben, Wat min Herz erfüllt'. Alles is verswunnen, Wat mi quält un drev; Hev dat Glück nu funnen, doch de Sehnsucht blev!

Sehnsucht na dat lütte, Kahle Inselland, wo de Ostseewellen trecken an den Strand, wo de Möven schriegen Grell in't Stormgebrus, – Denn da is mine Heimat, Da bün ick tau Hus.«

Maria Müller-Grählert

Immer dieselben

Aus alter Zeit klingt grause Mär
Vom schönen rügenlande her,
Des Fremdlings Furcht und Bangen
Die Ranen spähten scharf zum Strand,
Und wo man einen Fremdling fand,
Da nahm man ihn gefangen.

Dort auf Arkonas Felsentritt
Stand hoch der Götze Swantewit
Leicht war sein Grimm zu wecken
Weh' jedem FRemdling, dessen Bahn
zum Rügenlande führt' heran;
Sein Ende kam mit Schrecken.

Die Ranen nahmen ihm sein Gut
Und führten ihn in wilder Wut
Zum Swantewit, dem bösen.
Der Fremdling war sein Opfermahl –
Scharf blinkt in Priesters Hand der
      Stahl –
Und nichts konnt' ihn erlösen.

Doch heute hat es keine Not;
Der Swanewit ist lage tot,
Und Christen sind die Ranen.
Sie schlachten keine Fremden mehr,
Doch lieben sie noch immer sehr
Der Väter alte Bahnen.

Noch immer spähen sie zum Strand –
Und kommt ein Fremdling in das Land,
Dem weisen sie den Weg:
Für Speis und Trank und Führerlohn,
Was er besaß, sie haben's schon
Dann darf er weiterreisen. –

Ihr Fremden, drückt das Geld euch schwer,
So kommt zum Rügenlande her;
Hier werden leer die Taschen.
Ein Rane läßt von seiner Art
so wenig, als es möglich ward,
Den Mohren weiß zu waschen.

Emil Piper

tes auszugeben. Gott gebe, daß er ihnen nie zerstört werde« (Heinrich Laube).

Fontane, der im Pommerschen immer wieder einmal Station machte, läßt ein ansonsten überzeugendes Werk »in einem kleinen Badeort in der Nähe von Varzin« im ländlichen Pommern spielen, legt einer eitlen Effi Briest dazu ein »Kessin ... liegt eine hübsche Strecke von hier fort in Pommern, in Hinterpommern sogar« in den Mund. Kessin, das Eingeweihte an Kolberg an der Persante oder Swinemünde erinnert: »Ein halbsibirischer Ort, wo Eis und Schnee nie aufhören.« Halbsibirisch, damit weit weg vom Schuß, auch dann noch, nachdem in Henkenhagen, Flatow, Köselitz oder Prillwitz (Stralsund, Stargard oder Kolberg) geschossen worden war. Doch davon später.

»Pommersche Heide, pommerscher Moor,/Kümmerlich kommst du dem Fremdling vor!« ... was wiederum nicht bedeuten mußte, daß man das relativ merkmalarme Küstenland, seine Plattsnackers und bäuerlich-aristokratischen Lebensformen, pommersche Tugenden und Schwächen nun bewußt ignorierte. Im Restreich hatte, wer es sich leisten konnte, die gerühmte Räuchermettwurst und zumindest einmal im Jahr die geräucherte Spickgans aus Rügenwalde auf dem Tisch. Mit dem Siegeszug des Kartoffelsprits war Pommerns »Preußenschnaps« in vieler Munde (Namenspaten sind heidnische Prussen, Prutzen, Bruzi oder Prusai, ohne die es weder Preußen noch einen -schnaps gegeben hätte). Kolbergs Glanz und Gloria, das Heldentum der 4000 im Kampf mit 14000 Franzosenfeinden, war als Lektüre an preußischen Schulen Pflicht.

Dazu die alten Kaiserbäder auf Rügen oder Usedom (Ahlbeck, Swinemünde, Bansin, Dievenow, Göhren, Zinnowitz, die Modebäder Binz, Misdroy und Heringsdorf allen voran). Wer in Berlin etwas auf sich hielt, und wer hielt in Berlin nichts auf sich, hatte Pommerns Küste mit beginnender Mobilität zu seiner Sommerfrische und

Badewanne gemacht. Feinsandige Strände, an denen Preußenkönig Wilhelm I. und Kronprinzessin Auguste Viktoria, Friedrich Schleiermacher (mit Familie), Kurt Tucholsky, Heinrich Mann und Zarah Leander urlaubten! See-, Sol- und Moorbäder, in denen sich Maxim Gorki von einem Lungenleiden erholte! Pommernland und -volk, die Johannes Brahms oder Gerhart Hauptmann, das Ostseebad Leba, das Max Pechstein oder Neppermin auf Usedom, das Lyonel Feininger zu frohem Schaffen anregten! Herrschaftssitze und Waldeinsamkeiten, die Otto von Bismarck über so Grundsätzlichem wie »die großen Probleme unserer Zeit lassen sich nur durch Blut und Eisen lösen« brüten ließen! Naturnahe Gutshöfe wie Ponickel nahe der polnischen Grenze, wo – jeder kennt dort die Geschichte – Max Schmeling und Ehefrau Anny Ondra einige Jahre verbrachten!

Doch was man über Land und Leute nun wirklich wußte, war häufig nur das Stichwort (»Seindt getreue wie goldt« – Friedrich Wilhelm I.), das Sprichwort (»Er säuft wie ein Pommer« – der Mäßigkeitsverein), das Sinnwort (»Fest stehn immer, still stehn nimmer« – Rathaus Stolp), das Leidwort (»In seinem allergrößten Zorn schuf der liebe Gott Groß-Born« – die Truppe) oder das Schlagwort (»Je fester die Faust, je näher an Pommern« – der Volksmund). Dazu konnte der Anspruch kommen (»stark, kräftig, etwas langsam, aber sehr zuverlässig und ruhig« – Dr. Gustav Kratz), der Ausspruch (»mehr simpel als klug, mehr gutherzig als freundlich« – Thomas Kantzow) oder der Sprücheklopfer (»Oh, man kann den Pommern eher alles andere zutrauen als Spitzbüberei, dazu sind sie zu einfach« – ein Kontukteur zu Heinrich Laube).

Klischees somit, das Pommersche an Pommern, wie es die Phantasie der Nation beflügelte. Kein Gelächter entkräftete das. Im Gegenteil. Pommern war, Pommern waren einfach so. Die Provinz hatte alles, sie hatte nichts ... das waren die Extreme, zwischen denen die

Haltung der Deutschen zu ihrem größten Küsten- und allerersten Bäderland lange pendelte.

Es gab eingeborene Pommern, die darunter litten: »*Große Männer, kleine Städte,/ Festes Herz und trauter Herd:/ Heil'ge Heimat, vielgeschmähte,/ Bist mir über alles wert*« (Hermann Plötz). Es gab welche, die mit durchaus poetischen Gegenargumenten kamen: »*O Stolpa [Stolp], du bist Ehrenrick/ Im Lande findt man nicht dyn Glick*« (die Vorgängergeneration) oder »*O Land der dunklen Haine, o Glanz der blauen See/Du Eiland, das ich meine,/Wie thut's nach dir mir weh*« (Ernst Moritz Arndt). Und es gab den in Deutsch-Krone aufgewachsenen Heidedichter Hermann Löns: »*Für einen Abend am Radaunensee/gäb ich den Rhein mit seinen goldnen Wogen.*« *Min Pommerland* war ihre Welt, tatsächlich eine der besten, die sie sich vorstellen konnten.

Dazu der Blick aufs Gedruckte: «*Ich trank in vollen Zügen/Das Leben und den Tod/Beim Königsstuhl auf Rügen/Am Strand im Morgenrot*» (Adalbert von Chamisso), »*Ein Deutscher? Dann aber doch sicher aus Pommern*« (Karl May, *Der Schatz im Silbersee*). »*Gott sei gelobt, der Bülow mit den Pommern*« (Generalfeldmarschall Blücher nach Christian Dietrich Grabbes *Napoleon oder Die hundert Tage*), »*Sagard ist wegen seines Gesundbrunnens bekannt*« (schon 1797: Johann Friedrich Zöllner).

Ricarda Huch besingt die Intimität des altgrauen Stralsund, »*die das Meer umblaut,/ wo das rostrote Segel sich bläht,/ aufblitzt der Fische blanke Haut/ und die gaukelnde Möwe kräht*«, Gerhart Hauptmann »*das bis zu Tränen erschütternde Brausen der See*«. Der Mathematikprofessor Eilhard Lubin meldete bereits im frühen 17. Jahrhundert »*vor allen Dingen hat Pommern den Ruf von guten Fischen*«, Fontane sollte in Swinemünde das »*derart Durcheinandergewürfelte, daß man den Repräsentanten aller nordeuropäischen Völker daselbst begegnet*« ausmachen. Der an-

sonsten so kritische Laube sieht im Pommerland Preußens markigsten Kern. Und natürlich gibt es Erhebungen im flachen Land: den Schimmritzberg (256 m) etwa, den Burgwall, den Stein- oder Bullenberg, gerade auch den Rugard mit der Möglichkeit zum Rundblick auf Rügen, den Wilhelm von Humboldt mit *unbeschreiblich schön* beschreibt.

Doch Vorurteile haben es an sich, daß sie viel schneller entstehen als vergehen. Besonders unter Nichtpommern, die Preußen gerne Allzupreußisches anlasten. Dadurch wurde/wird man zum Pommer, etwas, mit dem man unweigerlich antrat/antritt.

Pommern hatte alles, Pommern hatte nichts: Wer noch in wilhelminischen Tagen, und damit sollte man wohl beginnen, »*typisch Pommern*« sagte, meinte damit eine Landschaft zwischen der Ostseeküste im Norden und Brandenburg, den beiden Mecklenburgs im Westen und Westpreußen. Wo es ein Hinterpommern gab, mußte es ein Vorpommern geben, als Grenze diente die Oder-Dievenow-Linie mit dem Stettiner Haff. Fluß und Mündungsbusen trennten nicht nur, sie faßten auch zusammen. Dadurch leicht zu übersehen, daß dieses »Altpommern« (ein Begriff in den Außengrenzen von 1818 bis 1938) die längste Zeit keine Einheit, eher ein irritierend unscharfes, utopisches, hin und wieder rein poetisches Gebilde gewesen ist. Führen Wegmarken aus dem Hinterhof der Geschichte, aus dem historischen Pommern, doch in so verschiedene Regionen wie Preußisch-Altvor- und Neuvorpommern, nach Schwedisch-Pommern oder Hinterpommern, vorausgesetzt, man will dorthin. Dazu kommen Südostpommern (1816 mit den neumärkischen Kreisen Schivelbein und Dramburg) und Pommerellen (Klein-Pommern: das historische Westpreußen zwischen Weichsel und Küddow), eine Provinz Pommern (1938 mit den neumärkischen Kreisen Arnswalde und Friedeberg) und schließlich

Glück

Laß der Sehnsucht Ziel entfließen,
Bleibe Täuschung nur zurück:
Nicht das Halten, das Genießen,
Nur die Sehnsucht war das Glück.

Zeiten gleiten, Stunden fließen,
Schwankend wandelt das Geschick.
Laß mich halten, mich genießen
Den geliebten Augenblick.

Laß den Augenblick verfließen,
Leise bleibt die Lust zurück:
Nicht im taumelnden Genießen,
Im Erinnern lebt das Glück.

Hans Hoffmann

Vadder unser

Vadder unser in't Himmelriek,
vör den'n wi alltauhoop söln gliek
un Bräuder sin –
wi ropen Di an un bäden:
Laat hillig war'n Dinen Namen!
Dien Riek laat kamen!
Dien Will gescheih taugliek
up Ierden as in't Himmelriek!
Giw hüt uns dat dagdäglich Broot
un wat taun Läben süs noch noot!
Vergiw uns unse Schuld,
as wi in'n stilln,
dei uns wat schüllig sünd,
vergäben willn!
Giw, dat uns nich versöcht de Bös'!
Von Dood un Düwel uns erlös!
Ja, schenk uns eis ein selig En'n
un nimm uns' Seel in Diene Hän'n!
Denn Dien is Riek
un Kraft un Herrlichkeit
in Ewigkeit. – Amen.

in ein Mecklenburg-Vorpommern, intim gekürzt MeckPomm.

Um Pommern unter einen Hut zu bringen, mußte man somit immer etwas vor, dann wieder zurück. Um im wilhelminischen Deutschland zu bleiben: Natürlich hat Pommern auch zu diesem Zeitpunkt nicht alles, aber viel, viel mehr als nichts. Wer das Küstenland jetzt besuchte, fand seinen Zauber von der besonderen, eher sanften Art: Fernsicht bis zum Horizont, weite Weiden, Birken- oder Buchenreihen, von Schilf eingefaßte Seen, Steilküste und Fischerdorf, reetgedeckte Bauernkaten. Kirchen, Markt und Menschen, Mützenow, Klonschen, Weitenhagen, Groß-Schlatikow oder Klein-Lienichen. Himmeloffene Städte wie das traditionsreiche Rummelsburg im Tal der Stüdnitz, Köslin am Fuße des Gollen oder das hansische Stargard, weiterhin mit der einzig noch existierenden Möglichkeit, trockenen Fußes durch das »Rote Meer« zu kommen. Es locken eine Pommersche Riviera (Küstenlandschaft auf Usedom), eine Pommersche Schweiz (im wesentlichen in den Kreisen Neustettin und Dramburg), ein Pommersches Rothenburg (Pyritz mit Stadtmauer, Eulenturm, Bahner Tor und Stettiner Torturm), ein Nizza des Nordens (Binz) und das elegante Stolp an der Stolpe, warum auch immer das Paris Hinterpommerns genannt.

Sandstreifen dann von Karlshagen bis Ahlbeck, Bernsteintrümmer, die die See dem Land zuspült, und das Geheimnis des Jasmunder Pfennigkastens. Wer das feine Gehör dazu hat, dem offenbart sich an Sonntagen an verbuchteter Küste – »*Aus des Meeres tiefem, tiefem Grunde klingen Abendglocken, dumpf und matt*« – obendrein längst Verschwundenes: Der Glockenklang Vinetas, Pommerns Sodom und Gomorrha, die in der See versunkene gottlose (Fabel)Stadt.

Um die Provinz kennenzulernen, muß man wie anderswo auch ein wenig hin und her, auf und ab. Pommern und pommersch, das sind die Schatten der

Vergangenheit an Kolbergs Baudenkmal Mariendom, Stettins Jakobikirche (gerne »die Große«) oder Cammins St. Johannes (»die Schöne« genannt). Stralsunds prächtige Kontor-, Greifswalds Traufenhäuser, das geteerte Fachwerk in Wiek ... Volksgut wie die Haffwoche in Ueckermünde, Wallenstein- und Kartoffeltage, Taubenabwerfen, Pfingsteinknallen, Nudelwochen, die Vineta- oder Störtebeker-Festspiele auf Usedom und Rügen. Landestypische Folklore wie das Windelbahnfest der Stolper Schuhmacher, der Julklapp der Rüganer und das Pollnower Rosenfest. Landschaften, die sich dem Naturfreund öffnen wie die Puppe in der Puppe in der Puppe: Die Stille des Ueckertals, die Wanderdüne bei Leba oder der Bullenberg bei Bad Polzin. Rügens weiße Kreidefelsen oder das vielgerühmte (selten besuchte) Kaschubien. Wer dort war, hat es hinterher nicht vergessen.

Man kommt Pommern (dem Land) näher, wenn man auf seine Menschen zugeht. Den Einheitspommer, einer der ist wie alle anderen, gibt es so wenig wie den Einheitsbayer. Beginnt der Unterschied doch schon damit, ob man es auf Stralsunds Altem Markt, bei Kemcke in Anklam oder vor Wolgasts Kaffeemühle mit einem (nordisch-germanisch-wendischen) Vor- oder in Ratkes Gasthof zu Stolpmünde, Stargards Klappholz- oder Lauenburgs Andreasgasse mit einem (brandenburg-preußisch geprägten) Hinterpommern zu tun hat, trennt sie gelegentlich doch mehr als nur die Oder. Wer weiter präzisiert, sieht etwa die Hiddenseer blauäugig, blond, häufig groß und schlank, die ebenfalls blonden Rüganer dagegen eher kurz geraten, breitschultrig, kraftvoll (zur Erklärung der Termini: Rüganer sind solche, die seit Generationen auf die Insel gehören, unter Rügener versteht man den Zugezogenen). Während ihr munteres Insulanerwesen vom wendischen Einschlag zeugt, ist der Jamunder Fischerbauer im Raum zwischen Köslin und der Ostsee eher verschlossen, ernst, hart und schweigsam wie seine Scholle.

Der Ahlbecker darf als prächtiger Menschenschlag mit sehnigem Körperbau gelten, »*stark und dauerbar, besonders die Frauen und Mädchen, die noch jung und frisch erscheinen, wenn sie alt sind*« (C.H.F. Koch 1874). Der Pommer im Landesinnern gilt als geselliger, gesprächiger, schneller und heftiger als der Landsmann an der Küste, der Neuvorpommer auf dem Festland ist rüstig-beweglich und gemütlich. Allerdings sind gerade bei ihm – der Plural feiert Triumphe – hin und wieder auch jene »*leichtsinnigen Sprossen*« (Arndt) zu finden, die bei see- und seeverkehrsuchenden Völkern einfach üblich sind.

Wo es Pommern (das Land) gibt, muß es für jedes bessere Lexikon trotzdem den Normalpommer geben, einer der sie alle repräsentiert: den Bernsteinschleifer von Rügen und Holzflößer auf der Drage, das Mitglied im Stettiner Ruderklub »Germania«, den Bauer im Weizacker oder Fischer von Mönchgut, den Stolper Pfefferküchler, Prenzlauer Wrukenpropper, den reisenden Händler aus Rummelsburg oder Freimaurer in Kolbergs Loge »Wilhelm zur Männerkraft«.

Von Ernst Moritz Arndt wissen wir: »*Es lebt in den genannten Landen jetzt der sächsische Charakter, eine gewisse Langsamkeit, Harmlosigkeit, Gutmütigkeit und Treuherzigkeit. Es möchte jedoch hin und wieder scheinen, daß die deutsche Fröhlichkeit oft sehr in slawische Lustigkeit und Leichtfertigkeit überschlage und mehr Sinnlichkeit und sinnliche Genußsucht mit sich führe, namentlich in den Küstengegenden.*« Das heißt, daß die Menschen an Trebel, Ihna, Peene, Küddow oder Glumia tätig, kräftig und kriegerisch sind wie der (Nieder)Sachse ... aber eben heiterer und ruhriger, männlicher und dazu noch kräftiger, was sie dann zu rechten Pommern macht.

Doch harmlos, heiter, sangesfreudig, *Knaster* [*Marienwerderscher*] rauchend, Bullenschottisch tanzend, Ohlschenbasta spielend und von Gänsen umschnattert ... Ahnendetektive konnten es herbei- oder wieder wegreden. Nur der ganz groben Norm ist die generelle Charakterähnlichkeit mit kolonisierenden Niedersachsen abzulesen. Die Seltenheit ist der rein fröhliche Germane oder rein lustige Slawe, kann der Küstenstreifen doch als multikulturell gelten, bevor es den Begriff überhaupt gibt. Hat die Verschmelzung zum Neustamm der Pommern doch mit jenem Tag begonnen, als Könige und Kaiser germanisch-deutschen Untertаnen den Weg nach Osten wiesen. Kann, abgesehen davon, der Unterschied zwischen Alt- und Neusiedlern bereits im Jahr 1 des Zusammenlebens ohnehin nicht nur gravierend gewesen sein, beschreiben frühe Chroniken die pomoranischen Slawen doch als »*blond und langschädelig, in Körperform und Aussehen den Germanen ungemein ähnlich*«.

Da wir bereits beim Integrierenden, beim typischen Pommern sind, der in Sitte und Sage, Zitaten und Sentenzen gerne grob und gröber wurde, der treu wie Gold, preußisch-tapfer und berechenbar ist ... es lohnt sich schon jetzt, einen Augenblick bei ihm zu bleiben. Wirkten im pommerschen Wesen doch

Ernst Moritz Arndt (1769 – 1860) aus Groß-Schoritz. Im Kampf gegen Napoleon hat Arndts Frage nach des Deutschen Vaterland eine ähnliche Wirkung wie der Säbel des Fürsten Blücher.

Lebensring

»Eis, as ick noch jung wier
Un glücklich mien Tied,
dunn wier doch mien Trachten
ganz anners as hüt.
Dunn wull ick mi griepen
von'n Himmel de Stiern,
dunn güng all mien Sähnen
wiet weg in de Fiern.

Wat bläugten de Bläumings
so blaß doch tau Hus!
Wat runschte so släprig
dat Wellengebrus
Süh, achter dat Water
liggt uck noch 'ne Welt –
hei, will man versäuken
wur dei mi geföllt.

O du herrliches Läben,
so krus und so bunt,
wat is uns' lütt Ierdball
doch neußlich un rund!
Un as ick denn satt wier
un mäud un marod,
dunn nähm mi de Heimat
taurügg in ehrn Schot.

Nu sitt ick un freu mi
un heww miene Rau;
de Ring üm mien Läben,
nu slott hei sick tau.
O ji blassen lutt Bläumings,
du Wellengebrus!
Schön is't uck wuranners,
doch an'n schönsten – tau Hus!

Maria Müller-Grählert

Elemente, ein Auf und Ab des Temperaments, was historisch begründet und national banalisiert so viel hieß wie: »*Er kann nicht anders*« (sagen die Nichtpommern). Warum er war wie er war, ist wie er ist? Dazu mußte man durch die Etagen der Geschichte zum Urpommer zurück.

Bemühungen deutscher und polnischer Historiker haben meist apologetische Motive, gehen von der Absicht aus, den Standpunkt der einen oder anderen Seite zu bestätigen. Es ist hier nicht die Stelle, um in die bis heute polarisierende Debatte einzugreifen, darüber ausgefochten, wer nun zuallererst im Land an Stolpe, Barthe, Schwinge oder Lupow gewesen ist. Pommern, das sieben-, achthundert Jahre existierte, wird aus der Geschichte begründet, wenn man so will aus vielen Geschichten. Altpommern war Zweivölkerboden, seine Menschen Strandgut verschiedener Regionen, Epochen und Weltanschauungen.

Pommerns deutsche Geschichte und slawische Vorgeschichte entspricht der an- und abschwellenden Dynamik einer friedlosen Grenzlandschaft. Pommern ist ein Land der Begegnung, entgegen allen Vorurteilen, die sich dagegen angesammelt haben, ein einladendes Land. Klein hat es angefangen, von draußen hereingenommen, was es wollte oder auch nicht: Germanen auf Ost-, Slawen auf West-, skandinavische Wikinger auf Raub-, dänische Könige und askanische Fürsten auf Kreuz- und anderen Zügen, Deutschherren, Störtebeker und Spießgesellen, Mecklen- und Brandenburger, Kaiserlich-Katholische, Schwedisch-Protestantische, Sachsen, Russen und Franzosen, um einige, längst nicht alle zu nennen. Unter den Invasoren hin und wieder auch Polen aus schwieriger Nachbarschaft, mit denen sich lokale Slawen kräftig schlugen, weil polnische Ost- und wendische Westslawen durchaus nicht identisch sind.

Weit friedlicher die frühen Glaubensboten, die mit polnischer Hilfe von Bamberg heraufziehen, um unter den über der Elbe lebenden »Heiden« Propaganda für Gott zu machen. Unkriegerisch auch die von west- und mitteleuropäischen Ländern getragene Ostbewegung in katholisch-mittelalterlicher Zeit. Bereits 1181, als im Restreich noch kaum einer wußte, wo der wilde Norden liegt (gemeines Volk reiste nicht, kannte sich in der Welt nicht aus), schwört Pommernherzog Bogislaw dem römischen Kaiser und deutschen König den Lehnseid, ist seine Herrschaft in das mit dem Zusatz Heilig versehene Reich eingebracht. Zu beiden Seiten der Oder entstehen Städte nach deutschem Recht.

Mit der Übernahme des Christentums, der von Landesherren, Bischöfen und Klöstern als Avantgarde des Westens, Adel und Geldadel geförderten Aufsiedlung durch die *Theutonici*, wird Pommern mehr und mehr »germanisiert«.

Der deutsche Siedler, der im dünnbesiedelten Land das altsächsische Bauernhaus oder den Vierkanthof gegen den Rundling stellt, hat das Recht, sich kulturell auszuleben, erlangt allmählich die Bevölkerungsmehrheit, in der die slawische Vorbevölkerung aufgeht. Ohne die Begegnung kontinuierlich weiter zu verfolgen ... bereits um 1400 scheint der Verschmelzungsprozeß abgeschlossen. 1945, als es eigentlich darauf angekommen wäre, füllten dekorative Slawenreste gerade noch zwei Dörfer.

Wie die kulturelle Differenzierung verwischt, erwächst dem Zusammengewürfelten der Neustamm der Pommern, der – immer wieder verhandelt, vererbt, drangsaliert und dezimiert – jahrhundertelang durch Zuwanderer aufgefüllt, damit neu gemischt werden muß. Was ihn prägt, sind gemeinsam durchlebte Katastrophen und Sensationen, kirchliche wie soziale Verhältnisse, Wirtschafts- und Siedlungsweisen, bei all dem Kommen und Gehen immer auch der Brauchtumsschub aus Ost und West.

Nationale Egoismen, die Zersplitterung durch landeseigene Wartislaws, Bogislaws, Kasimirs, Erichs oder Ottos in dynastische Zufallsgebilde, konkurrierende Ansprüche der Großnachbarn: In Pommern entladen sich alte und neue Fehden, die das Land als Objekt in der Parteien Hader, in die Stürme großer Kriege ziehen, es plündern, brandschatzen, zerstören, danach zum Wegräumen der Trümmer und Neuaufstieg aus Schutt und Asche zwingen. Einfach haben es die Perkuhns, Radeckes oder Lenuweits, die Zastrows, Weißbrodts oder Schmidts dadurch nicht, werden sie doch von Ereignissen geprägt, die außerhalb des Pommersch-Familiären beginnen, mit denen sie im Prinzip nichts zu tun haben wollen. Immer wieder einmal besiegt, immer wieder einmal besetzt, erträgt der Pommer die Schläge der Geschichte mit Würde. Er lernt, sich zu arrangieren, in der langen Kette folgenschwerer Begegnungen zu überleben. Ein Kompliment. Eines das stimmt.

Erst mit dem Jahr 1815, der Vereinigung Vor- und Hinterpommerns zur beschaulichen Verwaltungsprovinz, erhalten Land und Leute die eigentliche Identität. Dazu bringen preußische wie schwedische Pommern, Hauptdarsteller auf dieser Bühne, ganz bestimmte Erbanlagen ein: Sie sind hartarbeitend, rationell, redlich, treu, gerecht, praktisch, unbeirrbar korrekt, kinderreich, zumindest der Großteil von ihnen. Sie brauen in Barth oder Politz ein gutes Bier, räuchern in Rügenwalde an der Wipper ihre berühmte Gans, bauen auf Rügen die Kreide ab, pflanzen bei der Geburt ihrer Kinder Bäume, auf daß beide gemeinsam wachsen. Sie lassen sich von Birkenzweigen vor dem Blitz, vom Blütenstaub des Roggens vor Fieber schützen, sind gut protestantisch, gehen langsam aber stets, haben den Welthafen Stettin zur Stadt der Maloche, das zum Meer hin orientierte Stralsund zur Ostseeperle gemacht.

Pommern haben und sind Seelen, einer von ihnen wurde gar zur »Seele des

Kinder, för dat Puplikum
Latet true Wünsche hören –
Floreat commercium –,
Denn dat bringt to Glück u Ehren.
Ja, förwar, vör allen Dingen
Moot det Koopmanns Gott gelingen,
Süst geiht oalles scheep un krumm.

Ein Volkslied (vorpommersch)

Postwesens der Welt«. Zumindest auf Usedom verstehen sie sich – »*Stets kose sanft, nie kose roh, wie man kost in Koserow*« – auf Zärtlichkeit. Und bei all den guten Eigenschaften, die es fragwürdig erscheinen lassen, ob welche übrig bleiben, weiß der Pommer, was sich gehört: »*In der Ecke steht er,/ seinen Schnurrbart dreht er,/ seinen Schnurrbart muß er drehn,/ Wenn er will zum Tanze gehn*« (Stettiner Kreuzpolka).

Somit gab es eine Menge recht versöhnlich stimmender Züge am landestypischen Pommer schwedisch/preußischer Vergangenheit. Ausgerechnet ihm hat die alte Fama, die natürlich schiere Verleumdung ist, den von vielen Geschlechtern ererbten »groben« Pommer respektlos nebenangestellt. Wurde im Restreich doch hartnäckig kolportiert, daß wenn man sich einem Pommer höflich näherte, der davon ausging, man sei ein rundum falscher Kerl. War man jedoch grob zu ihm, so wurde er nur noch gröber, was gesteigert – so jedenfalls der Volksmund – immer heißen konnte: »*Es nimmt ein Ende wie in Bahn*«. In Bahn/Kreis Greifenhagen. In Bahn in der Wildenbruch-Bahner Senke hatte 1498 im Rahmen weitgerühmter Passionsspiele der römische Knecht Longinus während der Kreuzigungsszene dem Jesusdarsteller die Lanze regelrecht ins Herz gerammt, das umstürzende Kreuz die darunter trauernde Maria erschlagen, der Johannesdarsteller spontan den Longinus erwürgt, worauf die biographisch arg angeschlagenen Bahner Passionsspiele

Pommersche Mundart.
Der rechte Pommer spricht
Pommersch, allerdings jeder
auf seine Art. Wenn es zu
lokalen Mundarten kommt,
ist die Einheit des Landes an
der Vielfalt zu ermessen.

Pommersche Heide

Pommersche Heide, pommersches
*   Moor,*
Kümmerlich kommst du dem
*   Fremdling vor!*

Nirgend ein Garten, nirgend ein
*   Baum –*
Wollkraut und Weidicht gedeihen
*   hier kaum.*

Nirgend ein Häuschen, nirgend ein
*   Dorf –*
Schwärzliche Gräben und Haufen
*   Torf.*

Selbst im Frühling kein Vogellied –
Kiebitz nur schreitet imhohen Ried.

Pommersche Heide, pommersches
*   Moor,*
Denk ich nur deiner, so jauchz' ich
*   empor:*

Jugend und Liebe Und Heimatluft
Grüßen durch Nebel und Heideduft.

Hugo Kaeker

Philipp Otto Runge (1777 – 1810) aus Wolgast. Neben Caspar David Friedrich bedeutendster Vertreter der norddeutschen Romantik, stirbt Runge in Hamburg als Unbekannter.

nur noch im geflügelten Wort weiterlebten. So ist es überliefert, so muß es wohl gewesen sein.

Unterstützt wurden Nichtpommern dabei durch Thomas Kantzow, als Geheimschreiber der fürstlichen Kanzlei zu Wolgast so etwas wie das personifizierte alte Pommern. Behauptet der Autor der »Pomerania« in seiner frühen Chronik doch, daß der Landsmann *viel Grobheit* an sich habe, besonders der Rüganer *sehr zänkisch und mordisch* sei ... »*sunst aber ists ein auffgericht, trewe, verschwigen Folck, das die Lugen und Schmeichelwort hasset; pittet sich untereinander gern zu Gaste und gehet wiederum zu Gaste*«. Weh dem, der einem Pommern, der »*dat walte Got un en kolt Isen*« sagte, versehentlich auf den Mund und nicht auf die Beine schaute (»*denn er ist bald an einem*«)! Allerdings habe, mit historischem Abstand betrachtet, der deutsche Schmelztiegel das Volk höflicher und frommer gemacht. Wer es schrieb, war ein Pommer, was er schrieb, blieb Hauptquelle der Historiker.

Dem Alten Fritz, der seine Pommern *liebt wie Brüder,* war zuletzt im Siebenjährigen aufgefallen, daß der Offiziersnachwuchs aus Hinterpommern – allen voran Edelleute aus dem Bütow-

schen und Lauenburgischen – weder schreiben, rechnen noch lesen konnte (»*auch sonst recht roh und ungebildet*«). Vom unverzichtbaren Goethe stammen die Worte »*ja, Ihr Herren Pommern seid doch recht freimütige oder wohl gar grobe Männer*«, wobei des Dichterfürsten Kategorisierung darunter leidet, daß er selbst nie in der Provinz gewesen ist, lieber im heißen Sprudel des böhmischen Karlsbad als im Seebad Kolberg oder Moorbad Polzin saß. Nichtpommern schlossen daraus, daß der Vielgereiste das Küstenland bewußt gemieden hätte, da es ihm dort am Genie, am Tumult des Geistes mangelte.

Pommern hat Energien, Ideen, dazu eine ganze Reihe Patrioten und Vollstrecker hervorgebracht: den alten Schwerin, den alten Nettelbeck, den alten Arndt, immer auch den alten (vulgo: Papa) Wrangel. Figuren auf dem Schachbrett der Geschichte, Preußen und sehr pommersche dazu. Doch nichts sollte hier das erträgliche Maß übersteigen, mit dem Greifenspross Erich hatte nur ein einziger geschichtlicher Landsmann sich in Großmachtpolitik versucht.

Allen Unkenrufen zum Trotz: Natürlich gab es ihn, den genialen Pommer. Zwar war er in der Regel landflüchtig, kam nur noch selten, dazu als Tourist, was kein Hinderungsgrund ist, auf ihn stolz zu sein. Caspar David Friedrich und Philipp Otto Runge, die Meister der romantischen Malerei, die Dichterpersönlichkeiten Alfred Döblin und Hans Fallada waren Pommern. Aus dem Schatten der Geschichte traten der Mediziner Rudolf Virchow, der Entdecker der Lokalanästhesie Karl Ludwig Schleich und jene Gebrüder Lilienthal, die die Menschheit das Fliegen lernten. Einen Friedrich Nobert hat die Nachwelt deshalb nicht vergessen, weil er den Sekundenzeiger für die Uhr erfand.

Hans Bredow, der »Vater des deutschen Rundfunks«, Heinrich Stephan, der »Erfinder der Postkarte« und Schinkels Lehrer Friedrich Gilly stammten aus dem Land am Meer. Dazu jener Johann Rodbertus, den die Be-antwortung von Fragen nach den Ursachen von Wirtschaftskrisen in der kapi-talistischen Wirtschaft zu Deutschlands erstem Theoretiker des wissenschaftlichen Sozialismus machte. Nicht zu vergessen der geistig-publizistische Widerständler Arndt, dessen Frage nach des Deutschen Vaterland und strophenselige Totschlagslyrik im Kampf gegen Napoleon eine ähnliche Wirkung zeigten wie der Säbel des Fürsten Blücher. Aus Pommern kamen Zentralfiguren des Widerstands gegen Hitler.

Von pommerscher Festigkeit daneben der tapfere, auf preußischem Fuß kämpfende Pommer, der auf dem Acker der Ehre stehende, nicht selten gefallene Grenadier, Kürassier oder Kanonier, Dragoner, Husar oder Ulan. Der Schriftsteller Hans Werner Richter, Fischersohn aus Bansin am Fuße des Langen Berges, damit einer, der es wissen mußte, hält vom Landsmann: *»Er sagt, was er denkt, steht, wo er steht, schlägt, wo zugeschlagen werden muß und ist immer, was er ist: ein Pommer«* ... wobei es im Lauf der Geschichte natürlich darauf ankam, wo er die weiß-schwarze Lanzenflagge zeigte, an wen er dabei geriet.

Im Prinzip fing der Pommer von sich aus keine Kriege an. Wenn im Pulverdampf zu Wasser oder zu Land dazu gezwungen, verstand er es jedoch, kräftig zurückzuschlagen. Mollwitz, Kolin oder Leuthen, Groß-Jägersdorf oder Leipzig, Gravelotte und Mars la Tour ... historisch nachweisbar, daß patriotisch drauf- und um sich dreschende Pommern in blutigen Händeln der Geschichte tiefe Spuren hinterlassen haben. Fridericus Rex, der – *»Angreifer ist, wer seinen Gegner zwingt, zu den Waffen zu greifen«* – Preußen in die Rolle der europäischen Großmacht schießt, hält die Pommern dann für *brave, mißtrauische und dickköpfige, aber weder grausame noch heftige* Leute mit einem geraden und schlichten Sinn. Für den diplomatischen Dienst eigneten sie sich nicht, *»weil ihre Freimut nicht für Geschäfte taugt, wo man oft schlau gegen schlau spielen muß«.* Was er an ihnen dafür ganz besonders schätzt, sind ihre soldatische Tugenden: *»Unter allen Provinzen hat Pommern die besten Untertanen für die Kriegsdienste wie für alle Ämter hervorgebracht. Sie geben gute Offiziere und verläßliche Soldaten ab.«* Nur wenn sie einmal richtig Prügel bekamen wie in der Schlacht bei Hochkirch, kommen ihm die bösen Worte vom *dummen Bauernhaufen* über die Lippen, wie es sich tatsächlich nur ein ganz Mächtiger leisten kann.

Nach dem wohl berühmtesten Reiterangriff der preußischen Kriegsgeschichte komponiert der große Friedrich – stimmt die Geschichte – den Hohenfriedberger Marsch, um ihn einem Dragonerregiment aus dem vorpommerschen Pasewalk zu widmen. In den Befreiungskriegen ist es das 2. Pommersche [Kolbergische] Infanterie-Regiment Nr. 9, das im August 1813 durch einen Angriff bei Großbeeren Berlin vor einer erneuten Besetzung durch Napoleon rettet. Für Arndt Grund genug, um seine Pommern aufgrund *»ihres fröhlichen Kriegmuts seit Friedrich dem Großen«* für *»glänzend berühmt«* einzuschätzen.

Pommern zeugte somit Helden, vielleicht sogar einige mehr als die Provinzen im restliche Reich. Ganz unrecht hatte ein in der Wolle gefärbter Preuße wie Fontane allerdings nicht, wenn er auf der Höhe des Zeitgeists Heldentum schlicht als ein Produkt der Zwangslagen hinstellte. An denen hat es in Pommern nur selten gefehlt.

Ob in Kriegszeiten oder im Frieden: Hinter Pommerns echtem Mannestum stand die Pommerin in praller Weiblichkeit. Wenn sich lokale Greifen *huller-die-buller* Frauen von Adel aus anderen Landschaften holten – Johann Friedrich die Erdmute von Brandenburg, der Lutherschüler Barnim XI. die Anna von Braunschweig, Barnim XII. die Anna Maria von Brandenburg oder Philipp I. die Maria von Sachsen-Wit-

Freiheit

Auf Arkonas Berge ist ein Adler-
*   horst,*
Wo vom Schlag der Woge seine
*   Spitze borst.*

Spitze deutschen Landes, willst
*   sein Bild zu sein?*
Riff und Spalten splittern deinen
*   festen Stein.*

Adler, setz' dich oben auf den
*   Felsenthron,*
Deutschen Landes Hüter, freier
*   Wolkensohn.*

Schau hinaus nach Morgen, schau
*   nach Mitternacht,*
Schaue gegen Abend von der hohen
*   Wacht!*

Ließ der deutsche Kaiser fliegen
*   dich zugleich,*
Als er brach in Stücke, ach, das
*   deutsche Reich?*

Hüte, deutscher Adler, deutsches
*   Volk und Land,*
Deutsche Sitt' und Zunge, deutsche
*   Stirn und Hand!*

Wilhelm Müller

tenberg –, so aus Gründen politischer Observanz. Die Pommerin, wegen der Gefahr einer Verwechslung mit der gleichnamigen gemeinen oder bitteren Orangefrucht Citrus vulgaris nur böswillig »Pomeranze« genannt, verstand durchaus, auf sich aufmerksam zu machen.

Wer ältere Literatur befragt, stößt auf die unglücklich verliebte Riesin von der Stubnitz und die Wanderer an- wie ausziehende Sirene Hertha, beide bereits Pommerinnen, auch wenn sie es nicht wußten. Pommerin auch jene Grimmsche Märchengestalt, die mit grenzenloser Gier zur Königin aufsteigt, um danach – »*Manntje, Manntje, Timpe Te, / Fischlein, Fischlein, in der See, / meine Frau, die Ilsebill, / will nicht so, wie ich wohl will*« – schnell wieder zur vorpommerschen Fischersfrau zu werden.

Historisch viel gesicherter dagegen Elisabeth von Pommern-Stolp »die Starke«, vierte Gemahlin des römisch-deutschen Kaisers Karl IV. aus dem Hause Luxemburg, in Rom gesalbte Kaiserin. Das *schone, zuchtige Freulin* sorgte am Prager Hof für Aufsehen, weil es trotz äußerlich schwachen Aussehens (der Stettiner würde *schmalitzich* dazu sagen) Hufeisen, Messer und

Schwerter mit der Hand zerbrechen und Kettenhemden zerreißen konnte, wie es dem Frauenbild des Jahrhunderts absolut nicht entspricht.

Schon damals schien es Pommerns Schicksal, daß sich seine großen Söhne und Töchter bevorzugt erst fern der Heimat als solche entpuppten. Unter ihnen Stettins Prinzessin Sophie Dorothea von Württemberg, als Marja Fjodorowna Gattin des Zaren Paul I. von Rußland und Mutter Alexanders I. Neben ihr Pommerns »größter Sohn«, der eine Tochter aus relativ unbedeutendem Fürstenhaus ist. Die sinnlich-heitere Sophie Auguste Friedericke von Anhalt-Zerbst, Skandal und Zierde ihrer Zeit, steigt mit dem orthodoxen Taufnamen Katharina Alexejewna zur Selbstherrscherin aller Reußen auf.

Das waren, so tafelten, kämpften, sprachen die alten Pommern, ihre bauernlegenden Junker, Grenadiere, Offiziere, ihre Lehrenden und Lernenden, Versager und Genies. Hier ist die Stelle, um Verwechslungen vorzubeugen: Ein Pommer war ein Pommer, konnte allerdings auch a) eine Gattung alter Holzblasinstrumente mit doppeltem Rohrblatt oder b) ein landestypischer Spitz, als Pomeranien Favorit der englischen High Society sein. Und wo es auf alten, treu-deutschen Landkarten einmal ein Altpommern gab, mußte es einfach auch Neupommern geben. Allerdings stimmten Gemeinplätze wie »*Seindt getreue wie goldt*« oder »*Feststehen immer, stillstehen nimmer*« dort nicht. Pommelchen, Niejörkes, Klackerklieben, Aschback oder Speitzken? Wie weit Neupommern im Bismarckarchipel tatsächlich vom deutschen Kernland entfernt lag, unterstrich am Nachdrücklichsten, was dort in den Kochkessel kam, was nicht. Hatten entsetzlich grausame Papuas von Stolper Zischen oder Rökeraal aus der Räuchertonne doch nie etwas gehört, ihre Nachbarn dafür recht buchstäblich zum Fressen gern. Sinn und Unsinn der Zeit: Deutschland brauchte Kolonien, Kolonien brauchten Deutschland. Um

Sophie Dorothea von Württemberg (1759–1828) aus Stettin, als Marja Fjodorowna Gattin des Zaren Paul I. von Rußland und Mutter Alexanders I.

den Anschluß an die imperialistische Welteroberung nicht völlig zu verlieren, hatte das Reich 1885 eine feuchtheiße Insel Melanesiens erworben und im Zuge der Eindeutschung Neupommern genannt!

Seither hat sich einiges getan, man weiß, wie es im schicksalhaften Wechselspiel von Recht und Unrecht, Intoleranz und Vergeltung gekommen ist.

Das Ende des Ersten Weltkriegs erlebt der gasvergiftete Zöllnersohn und Gefreite A. H. im zum Reservelazarett umgebauten Alten Schützenhaus von Pasewalk. Den Gang der Zeit wirft durcheinander, daß er sich – *»Deutschland wird Weltmacht oder gar nicht sein«* – an der Uecker entschließt, Politiker zu werden. Als er es ist, liegt Pasewalk im Gau Pommern (mit Gauleiter), der neben Altpommern Teile der alten Grenzmark Posen-Westpreußen umfaßt.

Der zweite Weltbrand beginnt im Osten, trifft Deutschlands Osten dann auch besonders hart. Am 27. Januar 1945 durchbrechen sowjetische Panzerverbände die Verteidigungslinie bei Hochzeit/Kreis Arnswalde, was im Blick zurück als Anfang vom Ende Pommerns östlich der Oder gelten kann. Als die Waffen schweigen, kommt der Volksweise des Kindergartens von rund 300 Jahren zuvor eine ähnlich verheerende Bedeutung zu: *»Maikäfer flieg!/ Der Vater ist im Krieg,/ die Mutter ist im Pommerland,/ Pommerland ist abgebrannt!/ Maikäfer flieg!«* Doch das eigentliche Pommerland war nicht nur abgebrannt, sondern vom Wind der Geschichte verweht. Pommerns Städte sind vielfach zerstört, ihr Kern von der Bombenlast alliierter Luftflotten oder vom Übermut der Soldateska tödlich getroffen. Die Oder, die bisher die nordisch-germanisch-wendischen Vor- von den eher brandenburg-preußisch geprägten Hinterpommern trennte, wurde zu Deutschlands Schicksalsfluß.

Wie in Stadt und Land die einst Mächtigen vom Denkmalssockel fallen,

Pommernlied

Weise: Karl Groos, 1818   Satz: Wilhelm Wapenhensch

kehrt (Hinter)Pommern als Pomorze zu Polen zurück. Zu dem hatte es zuletzt im 12. Jahrhundert gehört, doch daran erinnert man nicht. Wer danach über das preußische Pommern (flaches Land, endlose Felder) und seine pommerschen Preußen (kein Volk, sondern tapfere, monarchentreue Untertanen) spricht oder schreibt, bezieht sich am häufigsten auf Vergangenes. Was nicht heißt, daß das eine wie das andere aus dem historischen Zusammenhang zu streichen ist.

Bernd G. Längin

Strophe des Pommernlieds »Wenn in stiller Stunde«. Die Worte hat der Stettiner Student Gustav Adolf Pompe (1831–1889) während einer Harzwanderung gefunden, die Melodie stammt von Karl Groos.

In Pommern,
um Pommern und
um Pommern herum

Es war kein Zufall, daß Martha Müller-Grählert (vertraulich: *Mudder Möllersch*) für das Wind- und Wellengedicht »Mine Heimat« die Worte wählte: »*Wo de Ostseewellen/ Trecken an den Strand,/ Wo de geele Ginster/ Bleuht in'n Dünensand,/ Wo de Möwen schriegen,/ grell in't Sturmgebrus,/ Dor is mine Heimat,/ Dor bün ick to Hus.*« Pommern hatte über knapp 470 km hinweg die längste Küste des Deutschen Reiches, was Meer und Wellenschlag, Düne und Strand Rollen in Natur und Kultur übertrug. Vorerst auf die entlehnte Melodie »Wenn in stiller Stunde« gesungen, sind *De Ostseewellen* zu Beginn unseres Jahrhunderts dann ein schlicht unisono gehaltenes, rundherum pommersches Heimatlied. Wenn Müller-Grählerts Ostseewogen heute fast nur noch als Nordseewellen an Land schlagen, kommt die Verantwortung dafür der Vertonung durch Simon Krannig und einem sentimentalen Walzerrhythmus zu. Daneben dem Pommerschen »*Da is mine Heimat, da bün ick tau Hus*«, das sich Heimatverbundenen ganz generell als Allgemeingut anbot.

Die Dichterin aus dem vorpommerschen Barth läßt im landschaftsgebundenen Urtext keine Zweifel aufkommen: »*Sehnsucht na dat lütte,/ Kahle Inselland,/ Wo de Ostseewellen/ trecken an den Strand,/ Wo de Möwen schriegen/ Grell in't Stormgebrus,–/ Denn da is mine Heimat,/ Da bün ick tau Hus.*« Erst die fremde Hand hat aus Pommerns kahlem Inselland ein hochdeutsches schönes Marschenland oder ein ostpreußisches »*kleenes, lewes Fescherland, wo de Elk und Reiher jedem Kind bekannt*« gemacht. Doch ob nun Möven schriegen, schrieen, ob Möwkes schrieje, Pommernlaute oder nicht ... ohne den äußeren Anachronismus zu übersehen, leben Martha Müller-Grählert und das alte Pommern selbst in der urigsten Strophe fort.

Haben Versmaß und vorpommersches Platt die Dichterin zum rohen Sketch der Heimat gezwungen, geht Hermann Plötz schon näher auf Pommerns allgemeine Geographie zu. Läßt der Cretlower Rektor und Hausdichter im »Pommernlied« doch singen: »*Land mit sanftem Bachgeplätscher,/ Wiesengrünem Erlenpfad,/ Wo den Himmel sperrt kein Gletscher/ Und den Sonnenlauf kein Grat,/ Wo von leicht geschwungnen Kulmen/ Unser Blick voll Lust ins Land/ Über Buchen, Eichen, Ulmen/ Streift bis an den Himmels Rand.*«

Es sind Müller-Grählerts dünengekrönter, vom Sturm verwöhnter Ostseesaum und des Pommernlieds Mangel an himmelsperrenden Gletschern, die das Schicksal des Küstenraums mitbestimmen. Lockt der Zugang zum Mare balticum seit altersher doch Freund und Feind. Ist es das Fehlen natürlicher Grenzen, die das Land zum Nachbarn hin öffnet, damit übergangslos macht. Die Überlegung ist somit berechtigt: Wo fängt Pommern an, von wo ging es einmal aus?

Germanen und Slawen hatte ein breiter Raum voneinander getrennt, bevor sie sich ein paar Jahrhunderte vor Christi Geburt näher, dann immer näher kamen. Es ist diese stumme Spur der Vorgeschichte, ohne die Pommerns Geschichte nicht mehr auskommen soll. Agrippa, der Feldherr des Augustus, macht als erster »Geograph« die Weichsel (Vistula) als Ostgrenze germanischer Barbaren aus. Laut Plinius wohnen slawische Völker ausschließlich jenseits des Flusses, wahrscheinlich die Veneder des unverzichtbaren Publius Cornelius Tacitus, von denen der Sammelbegriff der Wenden für Westslawen stammt.

Zur Römerzeit sitzen zwischen Oder- und Weichselmundung aus Norwegen eingewanderte Rugier, im westpommerschen Raum Lemovier. Goten aus Mittelschweden stoßen in das Ge-

Ferdinand Baptist von Schill (1776–1809), preußischer Husarenmajor und Volksheld. Nach der Verteidigung Kolbergs versucht Schill, Preußen in die Erhebung gegen Napoleon zu ziehen.

Seite 16: Bauernhaus bei Bublitz auf dem Pommerschen Landrücken. Eine der wichtigsten Kornkammern des Reiches, dominiert in Pommern der Großgrundbesitz. Neben ihm wird der bäuerliche Besitzstand gerne unterschätzt.

Barth aus der Vogelschau. Seit 1255 mit lübischem Recht, im Festlandbesitz der Fürsten von Rügen, kommt die Stadt am Südufer des Barther Boddens 1325 zu Pommern. 1588 erscheint hier in der Fürstlichen Hofdruckerei die niederdeutsche Barther Bibel.

biet der Weichselmündung, dann nach Ostpommern vor, wodurch die Rugier – der Stammesnamen findet sich in Rügen wieder – nach Westen abgedrängt werden. Ebenfalls aus dem skandinavischen Raum kommen Burgunder, die über das Mündungsgebiet von Oder und Weichsel nach Mitteleuropa weiterziehen.

Während des eigentlichen Wannerfewers (pommersch für Völkerwanderung) ziehen die Germanen aus dem Küstenland ab, um rauflustig, wie sie waren, allerhand Schrecken bis nach Rom zu tragen. Wie bei Umzügen üblich, lassen sie im Norden überflüssigen Ballast zurück: ein paar Küchenutensilien, ein paar Waffen, Scherben, Scharber, Kämme, Gürtel und Knöpfe, das eine oder andere Kriegergrab. *«In die leergelassenen Plätze und Länder rückten Slawen stille nach, bis sie endlich den*

ungeheuren Strich inne hatten, der vom Don zur Elbe, von der Ostsee bis zum Adriatischen Meer reicht», so später der Ostpreuße Johann Gottfried Herder in *seinem berühmten, wenn auch etwas phantasiefrohen »Slawenkapitel«. »Sie liebten die Landwirtschaft, einen Vorrat von Herden und Getreiden, auch mancherlei häusliche Künste … Längs der Ostsee von Lübeck an hatten sie Seestädte erbaut, unter welchen Vineta das slawische Amsterdam war.«*

Vineta, irgendwo an einer drei Odermündungen (bevorzugt auf dem Vineta-Riff vor Koserow) oder im Barther Bodden! Das Atlantis des Nordens, von Heinrich Heine, Ferdinand Freiligrath und Theodor Fontane besungen, im Untergang von Johannes Brahms dank goldner Himmelsfunken vertont. Vineta, »von drei Meeren umspült«, weltberühmt und multikulturell besiedelt,

*Stralsund: Marien-,
Nikolai- und Jakobikirche.
Stralsunds Silhouette wird
von der Barockhaube der
Marienkirche beherrscht.
1807–1810 nutzten Napo-
leons Truppen das mächtige
Gotteshaus als Heudepot.*

nach Adam von Bremen »*wirklich die größte von allen Städten, die Europa birgt ... wo Griechen und Barbaren friedlich zusammenleben*«. Mittelpunkt des Welthandels zwischen Germanen und Slawen, Wohlleben – Marmor, Alabaster, selbst Schweintröge aus reinem Gold – allerdings immer auch Gottlosigkeit. Das Meer erhob sich und die Stadt versank. Vielleicht waren es auch angreifende Dänen, die die Metropole fluteten, doch bei solch einer Sage wird jede abweichende Wirklichkeit uninteressant.

Als die große Völkerwanderung vorbei ist, erst im 20. Jahrhundert sollte eine noch größere folgen, haben sich westlich der Odera mehrere Kleinstämme der westslawischen Liutizen (Wilzen) eingerichtet, leben Uckrer in der Uckermark, Circipaner an der Peene und Kaschuben westlich des Weichsel-

deltas. Anstelle von Wodan, Thor oder Freia kommt damit Göttern wie Dibitza, dem dreiköpfigen Tryglaw oder vierköpfigen Swantevit Verehrung zu. Weder von den einen noch von den anderen sollte im Pommerschen viel bleiben, können selbst Leute vom Fach das Puzzle der urpommerschen Stämme und Götter nie überzeugend ordnen. Ein »Swantevit« würde eines Tages als Schiff der Weißen Flotte die Ostsee durchpflügen, was Pommern einmal Götterspeise nennen – geriebener Pumpernickel mit Schokolade, Preiselbeeren und Schlagsahne – hat keinen Anspruch auf Wurzeln in der Vergangenheit.

Dafür verdient unter Nachgewanderten der lockere Stammesverband der westslawischen Pomoranen (po morje: am Meer/die am Meer wohnen) zwischen Netze-Warthe-Niederung

und der See, Oder/Dievenow und Weichsel schon jetzt besonderes Interesse. Sind sie es doch, die dem Landstrich den Ruf-, seinen Menschen den Familiennamen gaben. Ein tüchtiges Volk, von dem der frühe Chronist Kantzow berichtet, daß es »*selten seint von frembden Hern bezwungen*«, was in jenen Tagen etwas bedeutete, und daß »*selten frembde Lewte zu ynen khomen, darvon sie besser sitten geleret*«. Für die geschichtliche Entwicklung wichtig sind daneben die ostslawischen Polani (Feldbewohner, Inländer, Polen), die an der mittleren Weichsel und im Warthe-Netze-Raum ein eigenes Staatsgefüge gründen.

Gepflogenheiten der Zeit entspricht, wenn Pommern (das Land) und Pomoranen bereits jetzt nicht zur Ruhe kommen. Im 10. Jahrhundert dringen Wikinger unter Dänenkönig Harald Blauzahn hier ein, um auf Wollin (Julin), einer der Inseln im Mündungsdelta der Oder, ein festes Haus anzulegen. Um die slawisch/wikingische Jomsburg herum wird gehandelt, hier übt sich Dänemarks Held Palnatoki, der nordische Tell, im Apfelschuß. Von Wollin aus stoßen die Schiffe mit den Drachenköpfen in See, tyrannisieren die Räuber aus dem Norden die Küsten des baltischen Meeres (eines der Wikingerboote bleibt im Lebamoor zurück, um eines Tages als Ausstellungsstück im Stettiner Königstor davon zu zeugen). Polens Boleslaws I. »der Tapfere« erscheint an den Gestaden der Ostsee, deutsche Fürsten machen sich zu Wendenzügen auf, gibt es seit Kaiser Otto I. dem Großen doch so etwas wie eine ostdeutsche Kolonisationspolitik.

In die Anfänge des polnischen Staates fällt ein geradezu inniges Verhältnis zwischen Polen und Deutschen. Westlich orientierte slawische Herrscher heiraten deutsche Prinzessinen, deutsche Geistliche missionieren das Land, deutsche Edelleute – »Herr Gott, nehme Dich der edlen an,/ der Ritterschaft vom deutschen Stamm« – verrichten Kriegsdienst in Polen. Die polnische

Kirche bleibt so lange dem Erzbistum
Magdeburg unterstellt, bis der junge,
glaubensstrenge Kaiser Otto III. den
tapferen Boleslaw mit dem Freund-
schaftsvertrag (Akt) von Gnesen zum
Bruder und Helfer des Imperiums
macht. Als Kaiser und Fürst gemeinsam den Grundstein zum Erzbistum
Gnesen legen, ist Boleslaws Herrschaft,
in der Zukunft Polen genannt, über die
Kirchenprovinz enger an das Sacrum
Imperium gebunden, wie es Ottos Ver-
ständnis eines von Rom regierten
christlichen Weltreichs entspricht.
Wenn sich jetzt »keine anderen Völker
freundschaftlich so nahe sind wie
Deutsche und Slawen« (Bischof Bogu-
fal, ein Pole), so sollte sich der Widerspruch bereits mit Ottos Tod formen.
Dessen Nachfolger Heinrich II. zieht
gegen Boleslaw, geht er doch davon aus,

daß Otto in Gnesen Ansprüche des
Regnum Teutonicum auf Polen ver-
schleudert hatte. So will es Gott, an Otto III. und Heinrich II. (dem Heiligen)
als Stichwortgeber kommen spätere
Generationen dann nur noch schwer-
lich vorbei.

Ziel der Polen bleibt, aus heidnischen, kulturell unterlegenen Ostsee-
slawen polonisierte Christen zu machen. Nachdem Boleslaw III. »der
Schiefmund« – »*Herzog von Polen und
Feind aller Heiden*« – das Land bis zur
Peene erobert hat, schickt er den »Pommern« mit dem Bamberger Bischof Otto, von Geburt Schwabe, trotzdem einen deutschen Glaubensboten. Otto
(der Heilige), ehemaliger Kaplan am
polnischen Herzogshof, steht unter
dem Schutz Gottes und Wartislaws I.
von Pommern-Stettin. Der Stammva-

*Stralsund: Rathaus und
Nikolaikirche am Alten
Markt. 1276 erstmals
erwähnt, ist St. Nikolai die
älteste der drei Stralsunder
Stadtkirchen.*

*Seite 20 oben: Das Rathaus
von Stralsund, einer der
schönsten Profanbauten
der norddeutschen Back-
steingotik.*

*Seite 20 unten: Blick durch
das Kütertor (1446), eines
von ehemals zehn Stral-
sunder Stadttoren, in die
Heiliggeiststraße.*

Wolgast: Blick in die Bahnhofstraße. Die frühe Residenz der Herzöge von Pommern-Wolgast – um 1128 hatte Bischof Otto hier die erste Kirche geweiht – wird im Dreißigjährigen Krieg durch die Dänen gebrandschatzt, im Schwedisch-Polnischen vom Großen Kurfürsten zerschossen und im Nordischen Krieg von den Russen verwüstet.

ter der Greifenherzöge, Gemahl der Heila von Bayern und Sachsen und erster nachweisbarer Slawenfürst, der das Christentum angenommen hat, wird dafür »der Bekenner« genannt. Sein Engagement für das Christentum muß Wartislaw mit dem Leben bezahlen, als er bei Grüttow einem fanatischen Heiden in die Hände fällt.

Die ersten Wennen (pommersch für Wenden) werden am Ottobrunnen bei Pyritz getauft, woraus der Stettiner Hans Hoffmann rund 750 Jahre später schließen würde: »*Vor Zeiten Bischof Otto fand/ Den Weg ins wilde Pommerland;/ Vom fernen Bamberg zog er her/ Und nahm es in die Christenlehr'./ Man merkte da die erste Spur/ Von Pommerns künft'ger Hochkultur.*« Der Bischof der Pommern (auch: Apostel des deutschen Ostens) erreicht über Kolbatz die Burg Cammin, wo er rund 3000 Personen dem Christentum zuführt, predigt

in Wollin und reist nach Stettin weiter. Dort zerstört er den Tryglaw-Tempel.

Längst nicht alle Pommern empfinden Ottos frohe Botschaft als froh. Nachdem er das Land verlassen hat, kommt es dort zur Restauration heidnischer Bräuche, zum Aufstand gegen den deutschen Gott. Ottos zweite Missionsreise wird vom Magdeburger Erzbischof und vom deutschen König Lothar von Supplinburg unterstützt. Der Glaubensbote tauft rund 22000 Heiden, läßt in Stettin eine erste Holzkirche zurück, dazu einen Stein, auf dem er während der Missionierung gestanden haben soll.

Im 12. Jahrhundert wird Wollin Bischofssitz, erster Pommernbischof ein Adalbert, vormals Mönch des Klosters St. Michael bei Bamberg, was die Bande zwischen Missionskirche und fränkischer Bischofsstadt stärkt. Dieser Adalbert sollte sich als Glücksgriff für Land und Leute erweisen: Als der Askanier Albrecht »der Bär«, Herr über die sächsische Nordmark, und der Wettiner Markgraf Konrad mit Unterstützung Waldemars von Dänemark zum Christenmachen gegen Hinterpommerns Slawenfürsten Ratibor I. von Schlawe-Stolp ziehen, ist es der Gottesmann, der anrückende Kreuzritter »*in gotis namen. Amen*« davon überzeugen kann, daß Stettiner und Demminer bereits rechte Christen sind.

Schon jetzt mit dabei ist Heinrich »der Löwe«, der die Pommernherzöge zum Lehnseid zwingt. Ein paar Jahre später nimmt Vetter Friedrich I. (Barbarossa) von Gottes Gnaden Bogislaw I. den Lehnseid ab. Ein Welfe somit (der Löwe), ein Askanier (der Bär) und ein Staufer (mit rotem Bart) als zeitgenössische Ostlandreiter, »*Heinrich de Leuw und Albrecht de Bar,/ Darto Frederik mit den roden Haar,/ Dat waren dree Heeren,/ De kunden de Welt verkehren*«, wie es das

Volkslied besingt. Ratibor nimmt das Christentum an und stimmt einer deutschen Besiedlung des Pommerlandes zu.

Benediktiner aus Magdeburg ziehen im Kloster Stolpe am Südufer der Peene ein, Prämonstratenser respektieren in Belbuck bei Treptow/Rega und Grobe (später: Pudagla) auf Usedom die Phasen der Arbeit und die Phasen des Gebets. Dänische Mönche gründen dort, wo der Ryck ins Dänische Wiek mündet, das nachmals so gerühmte Kloster Eldena, die Mutter von Grippeswalde/Greifswald, von der Vorpommerns Christianisierung ausgeht. Der Ordo Cisterciensis baut an der Klosterkirche von Kolbatz. Er wählt dafür den Basilika-Stil, der ohne architektonische Zierrat, mit dem Dachreiter anstelle des Turms, dem Armutsideal des Ordens entspricht.

Der durch aggressive Polen verunsicherte wendische Adel sucht Rückhalt im Reich, Europas führender Macht.

Grimmen im Trebeltal mit der Backsteinkirche St. Marien. Mit dem Aussterben der Rügener Fürstenlinie ging Grimmen an Pommern-Wolgast, im Dreißigjährigen Krieg wurde es fast völlig zerstört. Zu den historischen Sehenswürdigkeiten der Stadt zählt St. Marien mit einem Gründungsbau aus dem 13. Jhdt.

Zwölfapostelkirche in Züssow/Kreis Greifswald. Mit Umfassungswänden aus Feldsteinen (14. Jhdt.), fielen Pfarrhaus und Kirchturm im Siebenjährigen Krieg den Schweden zum Opfer.

Seite 25: Das Greifswalder Rathaus. Nachdem der gotische Gründungsbau (13. Jhdt.) Opfer mehrerer Brandkatastrophen wurde, bauten die Greifswalder ihr Stadthaus im barocken Stil wieder auf.

Als Friedrich I., die große Kaisergestalt des deutschen Hochmittelalters, Bogislaw im Feldlager vor Lübeck mit Pommern belehnt, ist ein Slawe deutscher Reichsfürst, sein Land staatsrechtlich Teil des Heiligen Römischen Reiches (Ende des 15. Jahrhunderts mit dem Zusatz »Deutscher Nation«). Der Kaiser hält sich zurück, als Pommern mit Dänemark ein weiterer Gegner entsteht. Die Nordmänner machen die Handelsmetropole Wollin dem Erdboden gleich, was den Umzug des Bischofssitzes nach Cammin erzwingt. Erst mit der Schlacht bei Bornhöved, in der ausgerechnet Waldemar II., »der Sieger«, aus der Dynastie der Waldemare Lübeckern und deutschen Fürsten unterliegt, verzichten die stark angeschlagenen Dänen auf die Wendenländer des Ostseebereichs. Mit dem Ein-

zug des Christentums und der Zugehörigkeit zum Reich steht das Land am Meer der Besiedlung durch deutsche Ostwanderer offen.

Neben Polen und Dänen haben bereits zu diesem Zeitpunkt auch die Markgrafen von Brandenburg, der Keimzelle Preußens, ihr Interesse auf Pommerns Küste angemeldet. Von Kaiser Friedrich II. erhalten sie das Herzogtum 1231 als Lehen, womit Pommern nach dem Dänenzwischenfall erneut in das Reich eingegliedert wird. Als rund 250 Jahre später Pommern-Wolgast dank einer geschickten Außenpolitik den Lehnsgeber abstreifen kann, haben sich die Brandenburger – und man sollte es sich merken – für die Möglichkeit eines Aussterbens des pommerschen Fürstenhauses der Greifen die Zeitbombe »Eventualerbnachfolge« gesichert.

Götter, Slawen und Germanen

Um 1200 erreicht die deutsche Ostbewegung die Oder auf ihrer ganzen Länge, ein paar Jahrzehnte später ist Hinterpommern kolonisiert. Die Aufsiedlung selbst verläuft friedlich, die Ostwanderer – Niemcy genannt, weil sie auf slawisch angesprochen nicht antworten können, niemy/stumm geblieben sind – locken Bodenverteilung, Rechtsstellung und Freiheiten, die jenen des Altreichs überlegen sind. Einladenden wie Eingeladenen fehlt die nationalpolitische Erwägung, vom deutschen Zuzug versprechen sich Pommerns Herzöge und Adel Humankapital für wüste Landschaften und ein weitgehend menschenleeres Land.

Bauern und deren nachgeborene Söhne ohne Anspruch auf Grund und Boden, Handwerker, Kaufleute, städtische Unternehmer und Schloßgeborene aus dem überfüllten Reich treffen in kleinen Einheiten, in Wellen und Schüben ein. Betreiber der Kolonisation sind Fürsten, Klöster, Stifte, ritterlicher Adel und geistliche Ritterorden. Zwei Hauptzüge schälen sich heraus: Der er-

Im Hafen von Anklam. Auf die frühe wirtschaftliche Bedeutung des Binnenhafens an der Peene weist die Mitgliedschaft in der Städtehanse hin. Anklam ist die Geburtsstadt des Flugpioniers Otto Lilienthal (1848–1896).

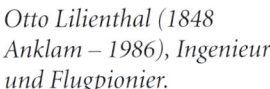

Otto Lilienthal (1848 Anklam – 1986), Ingenieur und Flugpionier.

ste wird in Niedersachsen, Holstein, Flandern und den Niederlanden zusammengestellt, in Thüringen, Mecklenburg, West- und Ostfalen, führt dann auf direktem Weg entlang der Küste. Die Ostwanderer haben die Vorstellung des niedersächsischen Bauernhauses im Umzugsgepäck, legen von Lokatoren geführt Hagenhufen- oder Straßendörfer an. Bevorzugtes Ziel ist das Fürstentum Rügen, weniger die Insel als der Festlandbesitz.

Der zweite Zug geht von der Altmark und Brandenburg aus, vom Harzvorland und dem Erzbistum Magdeburg und hat das Herzogtum Barnims I. »des Städtegründers« zum Ziel. Dort legen die Ostwanderer bevorzugt Angerdörfer (Häuser um einen langestreckten Dorfanger) an. Die einst von

Slawen aufgeworfenen Erd- oder Burgwälle werden zu Fundamenten deutscher Landstädte, wie sie gegen Ende
der Gründerzeit weitgehend identisch
sind. Der Grundriß ist schachbrettar-
tig, im Zentrum der Marktplatz, auf
dem sich die Straßen kreuzen. Darum
herum – marxistisch gesehen – die
Häuser des Kapitals, eben jener Bürger,
die es sich leisten können, im Zentrum
zu wohnen. Beim Markt steht die
Hauptkirche, allerdings nie so nah am
Geschehen, daß sie vom weltlichen
Handel und Trödel gestört werden
kann.

Der relativ freie Bauer führt in friedlich träumender Landschaft den eisernen Scharpflug ein, der dem slawischen

Haken überlegen ist, die Dreifelder-
wirtschaft löst die ungeregelte Feld-
Gras-Folge ab. Der Mönch wendet sich
der Viehzucht zu, verbessert mit neuem
Denken den Obst- und Gemüseanbau.
Die weit vorgeschobenen Klöster des
Ordo Sancti Benedicti, die grauen
Mönche der Zisterzienser oder die
Chorherren der Prämonstratenser sie-
deln in Verbindung mit deutschen
Mutterhäusern den Landsmann auf
ihrem Grundbesitz an. Der Kaufmann
baut an der mit Lübischem, Magdebur-
gischem oder Stettiner Recht versehe-
nen Stadt, das Bürgertum holt sich
Bauleute aus dem Reich, die den har-
ten, dauerhaften Backstein formen.
Greifswalds Dom St. Nikolai, Stral-

*Gotisches Giebelhaus am
Anklamer Markt. Von west-
fälischen und niedersächsischen Kolonisten im An-
schluß an eine wendische
Siedlung angelegt, erfreut
sich Anklam lange reicher
Privilegien durch die Herzöge von Pommern. Erst der
Dreißigjährige Krieg setzt
dem Wohlstand ein Ende.*

Ulrich von Hassel (1881 – 1944) Diplomat und Widerstandskämpfer aus Anklam.

sunds Rathaus, Anklams Stadt- oder Demmins Luisentor: Es ist die trutzige Kunst der Backsteingotik als schönste Selbstdarstellung des Bürgertums, die Pommerns Städte architektonisch in den norddeutschen Siedlungsraum eingliedert.

Ohne den Kultivierungsweg zu Ende zu zeichnen ... bereits um 1250 sind fast alle Städte erwachsen, die bis in unser Jahrhundert hinein Handel und Wandel des Ostseeraums bestimmen: Lübeck und Rostock im Westen, Riga und Reval im Osten, dazwischen Stettin und Stralsund, Danzig und Elbing. Für ihr Wesen und Werden bedeutungsvoll ist die Mitgliedschaft in der Städtehanse, deren hochbortige, bauchige Koggen, vom guten Wassergeist Kalfater geleitet das baltische Meer erschließen. Dem Bündnis, das sich gegenseitigen Beistand zu Wasser und Lande versprochen hat, gehören 18 Pommernstädte an.

Zu Beginn des 14. Jahrhunderts wird der vom polnischen Teilherzog Konrad von Masowien gegen die heidnische, höchst unbändige Nation der Prussen gerufene Deutsche Ritterorden in seiner weltgeschichtlichen Rolle bestätigt. Während des generell unergiebigen 3. Kreuzzugs vor Akkon als Orden der Brüder vom Deutschen Haus St. Mariens in Jerusalem (Ordo Teutonicus) gegründet, haben sich die Deutschherren bereits als tüchtige Kolonisatoren, hin und wieder durchaus modern agierende Organisatoren erwiesen. Die karitativen Regeln entsprechen dem Vorbild der Johanniter, die Kriegführung dem Vorbild der Templer. Wie sie von Papst und Kaiser abgesegnet, mit Schwert, Kreuz und Maurerkelle Christen machen, entspricht – mit Kaiser Wilhelm II. (1902) – der *»Blüte deutscher Leistungsfähigkeit«.* Es ist die Übernahme des zwischen Polen und Brandenburg umstrittenen Pommerellen, durch die der priesterlich-ritterliche Familienverband, der mehr als nur der Macht des Gebetes vertraut, eine für den Ordensstaat lebenswichtige Landbrücke zum

Reich erhält. Historisch schwerer wiegt allerdings, daß ein ungebrochener deutscher Wall dem polnischen Staat damit den Zugang zur Ostsee verwehrt.

Die Deutschherren richten sich mit Gottes Zutun im Osten Pommerns ein. Vom Grafen Nikolaus von Ponitz erwerben sie das Schlochauer Land, wo sie mit drei Vorburgen und einem Hochschloß zur Sicherung aufwendiger Eroberungen ihre stärkste Wehranlage links der Weichsel bauen. Von der stolzen Trutzburg sollten gerade die Schlochauer dann noch lange profitieren. Immer wieder von Brandkatastrophen heimgesucht, tragen Generationen die Ordensfeste Stein für Stein wieder ab, um damit ihre Stadt neu aufzubauen. An der Schwelle des Mittelalters zur Neuzeit erwirbt der Ritterorden um 140000 Gulden die Neumark, das von Polen, Brandenburgern und Pommern umworbene Land jenseits der Oder, nördlich der Warthe.

Als der Zug nach Osten verebbt, ist das große Land der wenigen Unterta-

nen relativ dünn besiedelt geblieben. Christliche Deutsche haben ihr Verhältnis zu christlichen Wenden bereits weitgehend geklärt, es ist das Christsein, das zusammenführt. Jedem echten Zuwachs auf dem Weg zum deutschen Neuland stehen Schlachtenlärm, Pestilenz, Pocken, Ruhren oder Faulfieber entgegen, alleine im Seuchenjahr 1350 fällt rund ein Drittel der Bevölkerung dem Schwarzen Tod zum Opfer. Dazu kommen Streitigkeiten mit dem Nachbarn, die den Schlachtruf »*Horsa Brandenburg*« (die Märker in Pasewalk) gegen »*Horsa Stettin*« (die Pommern in Gartz/Oder) stellen. Für Nachgeborene von Bedeutung bleiben Pasewalks schlanker Turm »*Kiek in de Mark*«, mit dem die Pommern – »*Kiek in de Mark un trure nich, Markgraf Friedrich, de deet di nicks*« – Friedrich (Eisenzahn) verhöhnten, und jenes Horsa, aus dem sich das gesamtdeutsche Hurra entwickelt hat.

Im Juli 1410 entlädt sich der angesammelte Gegensatz zwischen Deut-

Der Stadthafen von Ueckermünde. Zwei Kilometer vor der Einmündung der Uecker ins Haff, spielt die Schifffahrt bis zum Aufkommen der Dampfschiffe hier eine bedeutende Rolle.

Seite 28: Der Marktplatz von Ueckermünde mit dem Denkmal Kaiser Wilhelms I. (nach dem Zweiten Weltkrieg abgerissen).

Pasewalks Pulverturm (15. Jhdt.) mit einer achteckigen Ziegelspitze. Jahrhundertelang Zankapfel zwischen Brandenburg und Pommern, sahen sich die Pasewalker zum Bau mächtiger Wehranlagen gezwungen.

schen und Polen in einer der blutigsten, dann auch folgenschwersten Feldschlachten des Mittelalters. Beim ostpreußischen Grünfelde und Tannenberg (im späteren Kreis Osterode) besiegen Litauer und Polen mit dem Marienlied *»Boga Rodzicza«* auf den Lippen das unter der Fahne des heiligen Georg kämpfende rein deutsche Ordensheer. Während die Polen in Zukunft vom Sieg der Slawen über das Deutschtum sprechen, gibt der polnische Chronist Jan Dlugosz (1415–80) dafür allein der höheren Macht die Ehre. *»Ihres Sieges gewiß und nicht Gott um diesen bittend, mehr mit dem künftigen Triumph als mit der Schlacht beschäftigt«,* waren die Deutschherren

von vornherein ohne jede echte Chance gewesen. *»So hat Gott ihren Hochmut gerecht bestraft«* (Dlugosz). Eventuell hatte auch der Abfall der Kulmer Eidechsenritter vom Ordensheer die Schicksalsschlacht mitentschieden.

Für seine Waffenhilfe erhält Wartislaw VIII. von Pommern-Wolgast von Polenkönig Jagiello Schlochau, Bütow, Friedland, Baldenburg zwischen Labes- und Bölzigsee, Hammerstein an der Zahne und Schievelbein auf Lebzeit. Ganz anders Kasimir V. von Pommern-Stettin, der mit seinen 600 Reitern auf Ordensseite kämpfte. Der Greifenfürst wartet in Gefangenschaft auf die Stellung von Lösegeld. Rund 500 Jahre später sind Pommern bei der zweiten großen Schlacht von Tannenberg erneut mit dabei, entscheiden Einheiten wie das Husaren-Regiment Fürst Blücher von Wahlstatt (Pommersches Nr. 5) das Schicksal der russischen Narew-Armee, das auch zum Schicksal Rußlands wird.

Im dreizehnjährigen Bündner- oder Städtekrieg wird der Ritterorden – wiederum mit Hilfe von Pommern – dann ein weiteres Mal besiegt. Polen gewinnt Pommerellen, Kulmerland, Ermland, Marienburg und die Oberlehnshoheit über (Ost-)Preußen, was die eigentliche Macht der Deutschherren bricht.

Mit Wartislaw IX. von Pommern-Wolgast kommt ein Förderer der Wissenschaft an die Macht. In seine Regierungszeit fällt – vom lokalen Bürgermeister und Doktor des Römischen Rechts Heinrich Rubenow betrieben, von Ständen und Bürgerschaft gestiftet – die Gründung der Pommerschen Landesuniversität Greifswald. Über den geistigen, von Papst Calixtus III. besiegelten Mittelpunkt der gesamten Region, läßt sich Thomas Kantzow in seiner frühen Chronik aus: *»Gripswald ist auch zum Mehrereteil eine mawrte Stadt und etwas weniger als Stettin, hat 3 Pfarrkirchen, 2 Closter und eine Universitet. Die Burger seint auch mehr der Kauffenschaft und Segelation zugethan als den Studiis; darum leidet die Univer-*

sitet nicht weinig Hinderung ires Gedeyes.«

Haben sich einzelne Vor- und Hinterpommern um 1300 noch durchaus auf Wendisch unterhalten – amtliche Schriftsprache bleibt bis zur Ablösung durch die nationale Hochsprache Latein –, hat sich rund 100 Jahre später *Plattdüütsch*, der Dialekt des flachen oder platten Landes als Umgangssprache durchgesetzt. Slawen, die in deutsche Städte ziehen, bringen die Bereitschaft mit, sich zu assimilieren, im zahlenmäßig überlegenen Deutschtum aufzugehen. Zu Polen fehlt das Band der Sprache, der Geschichte, bald auch der Religion. Als das von Herzog Bogislaw X. in Auftrag gegebene Geschichtswerk »Pomerania« erscheint, heißt es darin so auch ausdrücklich »*ne quis nos addat Polonis*« ... auf daß den Neustamm der Pommern niemand den Polen zurechne!

Der Normalpommer sprach *Plattdüütsch* mit einem unerschöpflichen Reichtum an zärtlichen, launigen, naiven und leidenschaftlichen Formulierungen, Pommersch, das ein Nichtpommer wie Kurt Tucholsky, der ein paar Jugendjahre in Stettin verbrachte, ein herrlich besoffenes Idiom nennen sollte. »*Uns Sprak ist deip un mächtig un prächtig as de See*« ... darauf legte man Wert, obwohl es niemand beweisen konnte.

Natürlich gab es wiederum kein einheitliches Platt, in Fiddichow wurde anders gesprochen als in Rathsdamnitz, an der Küste oder nach Posen hin, doch Pommern redeten ja auch nicht, sondern snakten, sabberten, mautschten. Die Mundarten, in denen man mit großer Vielfalt an Persante, Wipper, Leba oder Schwinge kommunizierte, entsprachen dem Mosaik der pommerschen Bevölkerung. Dadurch komplizierte Sprachbeziehungen verdeutlicht, wenn der Rüganer auf eine Dirn töwen, der Stolper auf ein Mäche luern mußte, was für beide so viel bedeutete, daß sie auf ein Mädchen (in Wolgast Mädche, in Körlin Mäke, in Schneidemühl Mei-

ka oder Meike) warteten. Wenn es südlich von Stargard recht eigenwillig hieß: »*De Olo plegto tu sego, wen d Fako sat sin, ritos de Kum üm*«, was tatsächlich nur der eingefleischte Pommer versteht.

In Körlin, Schlüppe oder Neuwarp verkleinerten sie den Mann zum *Mannche*, den Hund zum *Hundche* und selbst Gott noch zum *Gottche.* Überhaupt war ein Pommer als solcher am ehesten an der Silbe che/chen zu erkennen, dadurch nur mit dem Ostpreußen zu verwechseln.

Originell die Ostmärker um Dramburg oder Schivelbein, deren g-Formel

Das Rathaus von Cammin mit einem Gründungsbau aus dem 14. Jhdt. 1124 hatte Otto von Bamberg in Cammin 3000 Personen dem Christentum zugeführt, 1175 wählte es Pommerns Bischof zu seinem Sitz.

Albrecht Wenzel Eusebius von Waldstein-Wallenstein (1583–1634): Auf dem Weg, die Habsburger zu Herren über die Ostsee zu machen, scheitert des Kaisers General an Stralsund.

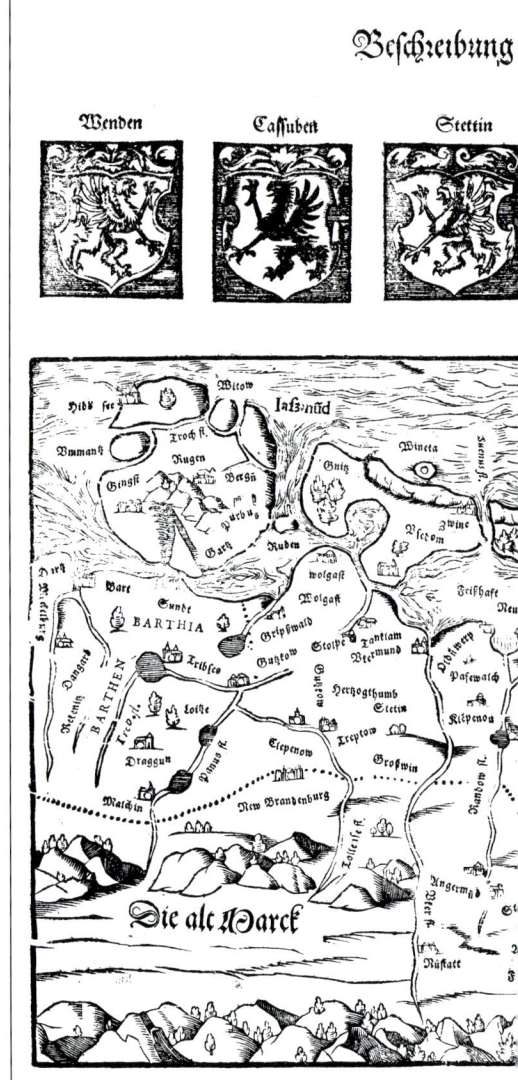

und ie-Verzicht das Dutzend Eier zum Dutzend Ege machte.

Hoch dat Platt: »*Dei Äppel föllt nich wiet von' Stamm, so as dat Schap is uk dat Lamm*«. Küstenpommersch wird dem Fischerehepaar vor seiner Kate in den Mund gelegt: Sie: »*Wie scheun is dat hüt*«. Er (nach einer Stunde): »*Dar markt man ock, ohne to snaken*«. Neu-vorpommersch reimt Martha Müller-Gehlert: »*Ein lütten Sparling flücht nich hoch,/ Sin Kunst ist eng ümschräben./ Wenn ick uck man ein Sparling bün-/ Dat mütt uck Sparling gäben.*« Auf Hinterpommersch reagiert der Bauer im erinnerungsreichen Kolberg, wenn er auf die Feststellung, hier sei doch ein großer Mann wie Nettelbeck geboren, erwidert: »*Nee, davon hew ick mien Tied nix hürt. So as ick dat weit, sind in Kolberg ümmer man kleine Kinner up't Welt kommen.*«

Kanzelplatt fragt der Pastor in der Kirche: »*Woans sall un kann ick an're Lüd helpen, wenn sei in Not sünd?*« Von lokaler Bedeutung dazu die *Kindelbier* (keine Biersorte, sondern eine Taufe), der *Aschkuhlausräumer* (ein Müllmann), in der Hochsprache das *Stolper Jungchen* (die geschützte Marke eines

Camembert), die *Mutter Greif* (kein Vogel, sondern eine Hebamme) und die *Alten Weiber* (ein gaumenfreudiges Erbsengericht).

Genug davon, zeigt der kurze sprachliche Exkurs doch bereits, daß es Zugereiste rein sprachlich hier alles andere als einfach hatten.

Pommerland ist abgebrannt

Johannes Bugenhagen aus Wollin studiert in Greifswald, wird Lehrer der Heiligen Schrift und der Kirchenväter an der Ratsschule in Treptow/Rega, die der dortigen Prämonstratenserabtei untersteht. Nach der Priesterweihe

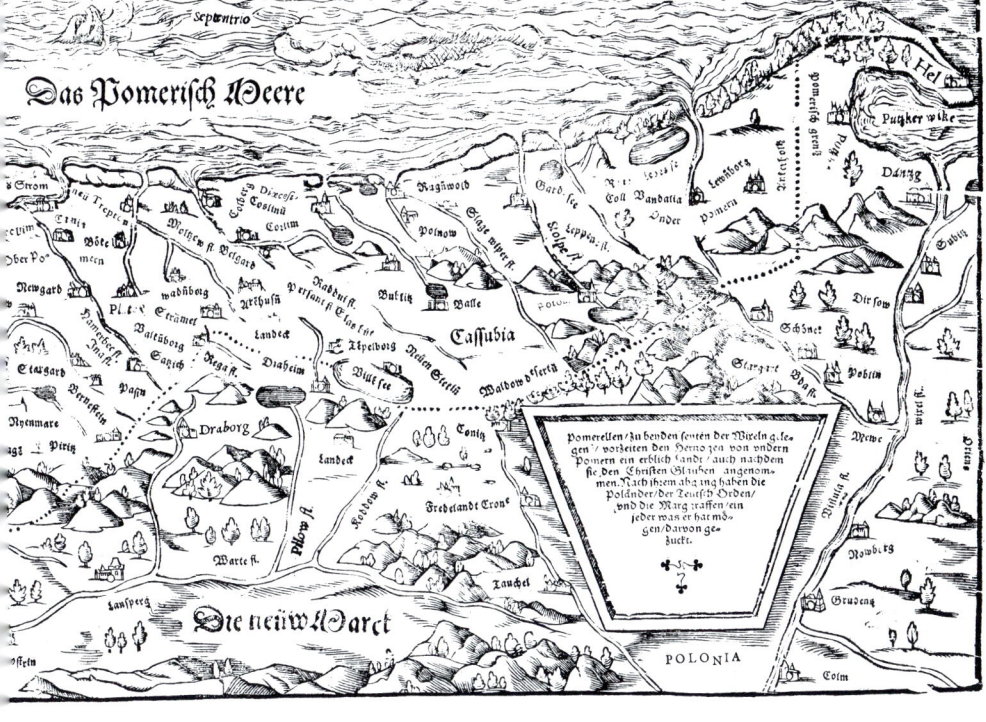

*Pommernkarte Sebastian
Münsters, Geograph und
Kosmograph aus Nieder-
Ingelheim (1540).*

Lektor in der Mönchslehranstalt Belbuck, wird Bugenhagen über die Lektüre von Luthers »Babylonischer Gefangenschaft der Kirche« zum Reformator. Er heiratet, dem Zölibat nicht mehr verpflichtet, seine Walpurga, wird Stadtpfarrer von Wittenberg, schreibt – als Dr. Pommer oder Pomeranus Allgemeingut geworden – an nord- und mitteldeutschen Kirchenordnungen.

Bugenhagen wirkt in Hamburg, Braunschweig, Lübeck und – zusammen mit Melanchthonschüler Jakob Runge – im heimatlichen Pommern. Als der Allgemeine *Lantdach* zu Treptow gegen den Widerstand des Camminer Bischofs Erasmus von Manteuffel

und des Adels dort mit der *Kercken Ordeninge des gantzen Pamerlandes* die Reformation einführt, fühlt sich die Bevölkerung, wenn es zur *selen aelicheit notturft* kommt, bereits mehrheitlich protestantisch.

Wer sich an Bugenhagens Wahlspruch »Nichts Neues ohne Not« orientierte, konnte ermessen, wie groß die Malaise tatsächlich gewesen ist. Über Nacht werden Klöster und deren Inventar enteignet, Mönche und Nonnen verjagt, der Bildersturm organisiert. Kirchlicher Landbesitz geht in herzoglichen Domänen auf, Stralsunds frühgotische Klosterkirche wird als Speicher, Stettins säkularisiertes Kirchen-

Blick auf Swinemünde, die Seestadt mit Ferien- und Kurcharakter, Deutschlands größtes Ostseebad.

Seite 35: Am Hafen von Swinemünde. Ein dünengeschützter Hafen an der Mündung der Swine in die Ostsee ist seit dem 13. Jhdt. dokumentiert. Unter Friedrich dem Großen wird die Swine ausgebaut und an ihrer Mündung der Seehafen angelegt.

gut zum Bau einer Fürstenschule genutzt. Besonders reformbewußt gehen die Reformer gegen den vorpommerschen Marienwallfahrtsort Kenz vor, aufgrund des wundertätigen Bildes St. Maria Pomerane und einer heilenden heiligen Quelle bedeutendstes Pilgerziel neben dem Gollen. Als Geschädigte beim Reichskammergericht Klage erheben, schützen sich die Herzöge gegen die Reichsgewalt mit dem Eintritt in den Schmalkaldischen Bund. Nächster Pommernbischof wird mit Bartholomäus Suawe ein herzoglich-stettinischer Kanzler, der längst evangelisch betet, dazu verheiratet ist.

Bugenhagen, persönlicher Seelsorger Luthers, mochte dann keinen Teil daran haben, bestätigen ihm seine Pommern selbst über den Tod hinaus, *»die ausgezeichnete und ewige Zierde seines Vaterlandes in der gesamten Kirche«* gewesen zu sein. Doch parallel zur Reformation breiten sich Junkerwill-

kür und Leibeigenschaft aus, ist es immer auch die Übernahme der neuen Lehre, die aus dem typischen Bauernland eine Domäne des großen adeligen Gutsbesitzes macht.

Vorfahren des pommerschen Uradels, der v. Brüsewitz etwa oder v. Heydebreck, der v. Glasenapp, v. Hindenburg, v. Wedel, v. Moltke oder v. Manteuffel (die damals noch Manduvel hießen), hatten sich seit dem 13. Jahrhundert gefürsteten Häuptern für Kriegs- und damit verbundenes Handwerk zur Verfügung gestellt, Ritter, Dienstmannen, Höflinge, Konkubinen und andere Wohltäter viel getan, um sich soziale und wirtschaftliche Privilegien zu verschaffen. Loyalität zahlte sich aus: Den v. Podewils schenkte Bogislaw X. das Schloß zu Krangen bei Pollnow, den von der Schulenburg gab er Schloß und Stadt Löcknitz zu Lehen, die v. Zitzewitz wurden mit der Vogtei Stolp begnadet und so weiter. Geschenkt, vermacht, zugeschanzt wurde häufig, ein passender Grund fand sich immer: Dem Claus Hinze etwa, als Hofnarr Johann Friedrichs so etwas wie Pommerns Till Eulenspiegel, überließ der Pommernherzog in landesfürstlicher Dankbarkeit – *denn lach man Jung* – ganz Hinzendorf. Wer nichts bekam, schaffte als Raubritter oder Straßenräuber an, darunter ein v. Bork (der Räuber der Räuber), ein v. Walde, v. Puttkamer und v. Kleist.

Mit dem Einzug der Reformation war der Adel, dem Kantzow bestätigt, daß »*seit das Land bestanden, er so reich und mächtig nicht gewesen ist wie jetzt*«, nicht protestantisch-bescheiden geworden. Im Gegenteil. Wirtschaftliche Absicherung und persönliche Neigungen kosteten Geld, der zahlreiche Nachwuchs mußte versorgt und untergebracht werden. Letzteres war erheblich schwieriger geworden, fiel der traditionelle Aufenthalt Nachwachsender in

See- u. Solbad
Deutschlands größtes,
Berlin nächstgelegenes
Ostseebad
SWINEMÜNDE

Klöstern, Stiften oder auf deren umfangreichem Besitz im reformierten Land doch weg. Normale Bauernstellen konnten den gesellschaftlichen Vorstellungen einer Eigenwirtschaft nicht entsprechen, für das Zusammenlegen zu ausufernden Gutsbetrieben/Ackerhöfen mußte der Adel die Unedlen kräftigt *legen* oder schröpfen.

»Denn fehlt dat an Grütt,/ denn fehlt dat an Mehl,/ denn fehlt dat an dit/ und an dat noch so veel!«: Pommerns großer, kleiner und kleinster Adel aber auch Geistlichkeit und Städte nutzen das politisch-soziale Standeselement, um mit verheerender Raublust, doch rechtlich abgesichert durch Bauern-, Gesinde-, Schäfer- oder Tagelöhnerordnung, den *Buur* auf die Stufe des Leibeigenen zu drücken. *»Hufen, Äcker, Wiesen usw. gehören einzig und allein der Herrschaft und Obrigkeit jedes Ortes und die Bauern haben keinerlei Nutzungsrecht auf sie, selbst wenn sie oder ihre Vorfahren die Hufe über 50, 60, und auch wohl 100 Jahre bewohnt haben ... Wenn aber die Bauern ihrer Höfe entsetzt und Vorwerke darauf angerichtet werden, muß der Bauer ohne Widerrede weichen und den Hof nebst Äcker, Wiesen und allen Zubehörungen der Herrschaft überlassen.«*

Das einst relativ freie Landvolk, das im Rahmen der Ostbewegung das deutsche Siedlungsgebiet verdoppelt hatte, wurde über Nacht zu *armen Luten.* Hatte es doch im Idiom der Zeit *»des (Guts)Herrn Acker zu aller muglichkeit zu plugen, eggen, sayen, einerndten, dreschen ... die fruchte nur dem Herrn zufuhren, eyer, hüner, kelber auf ansagen verschaffen«,* sich bei allem auch selbst zu versorgen. Auch dann noch, wenn des (Guts)Herrn Acker eigentlich der eigene ist. Dem Gutsherrn ist Handgreifliches wie *»väterliche Züchtigung bei Ungehorsam, Faulheit und Mutwillen«* erlaubt, der Leibeigene verpflichtet, *»Schlege und Stösse zu leiden«.*

Als Antwort auf das Bauernlegen – einer relativ kleinen Zahl von Großgrund- und Gutsbesitzern steht die

Masse der Leibeigenen gegenüber – kommt es zu sozialen Unruhen, wandern ganze Bauernsippen, durch Schollen- und Dienstpflicht geknebelt, verelendet und erniedrigt ins Polnische aus. Erst als dort der Konfessionenkonflikt eskaliert, die Gegenreformation übernimmt, flüchten sie wieder nach Pommern zurück. In Schwedisch-Pommern, wo das *»Unter den drei Kronen ist gut wohnen«* einer Minderheit vorbehalten bleibt, hält sich die bäuerliche Leibeigenschaft besonders lange. Vorpommerns Siedlungsbild bleibt vom Großgrundbesitz geprägt, als Ostpommern schon eher Bauernland gleicht.

Im Schicksaljahr 1618 erben Brandenburgs Kurfürsten das Herzogtum (Ost-)Preußen, eine für Mitteleuropa in ihrer Bedeutung kaum zu überschätzende Zäsur. Dafür, daß sie im Spiel der großen Geschichte weitgehend untergeht, sorgt ein Ereignis im fernen Prag. Dort werfen Böhmens Stände unter Führung des Grafen Thurn die kaiserlichen Räte Wilhelm Graf Slavata und Jaroslav Martinitz aus einem Fenster des Hradschin. Slavata, Martinitz und ihr

Die »Hansestadt Danzig« an
der Mole von Swinemünde.
Das Passagierschiff des
»Seediensts Ostpreußen«,
bei Kriegsbeginn der Kriegsmarine überstellt, sinkt 1940
als Minenleger auf einer
schwedischen Minensperre
vor der Insel Ödland.

mitfliegender Schreiber Fabricius landen zwar relativ heil 28 Ellen tief auf
dem von nun an berühmtesten Mist-
haufen Europas. Die Rebellion von 1618
weitet sich trotzdem zum blutigen
Drama des Dreißigjährigen Krieges
aus.

Pommernherzog Bogislaw XIV., ohne ein eigenes schlagkräftiges Heer im
generell nicht sehr starken Rücken, immer auch ein paar pommersche Gulden kurz, predigt die Neutralität, obwohl er sich als Reichsfürst der katholischen Liga verpflichtet fühlen muß.
Abseits zu stehen zahlt sich aus, doch
nur bis zu jenem Tag, an dem sich zehn
kaiserliche Regimenter hier einquartie-
ren. Der Dreißigjährige beginnt für
Pommern, als er nur noch 20 Jahre vor
sich hat. Dafür trifft er das Land umso
härter.

Katholische Söldnerhaufen des
*»vielgetreuen Feldhauptmanns, Gene-
rals der ganzen kaiserlichen Schiffsar-
mada wie auch des ozeanischen und baltischen Meeres General«* Albrecht von
Wallenstein durchstreifen das protestantische Küstenland, Pikeniere und
Musketiere lassen Lüsten und Lastern

freien Lauf, erpressen Kontributionen,
an denen viele Generationen abzuzah-
len haben. In Belgard an der Mündung
des Leitznitzbachs in die Persante
nimmt die Bevölkerung schnell um die
Hälfte ab, in Jarmen ist's zum Gotter-
barmen, das einstmals reiche Stargard
leidet schwer. Auf Hiddensee und Rügen können sich weder Frau noch
Deern vor schwer zu kontrollierenden
Kanonieren oder Hellebardieren si-
cherfühlen, die Zuchtschule für adelige
Jungfrauen (vormals Kloster Bergen)
erlebt, was kein Schreiber erfinden
kann. Garz wird geplündert, Gingst
eingeäschert, Ueckermünde, die Stadt
am Oderhaff, fast ganz zerstört. Den
Bauern auf der Ostsee-Halbinsel Fisch-
land/Darß/Zingst rauben sie *dat leiwe
Vieh* vom Feld, protestantische Protest-
noten lassen den bedingungslos katholischen Kaiser Ferdinand III. kalt. Aus
Greifswald am Südufer des Ryck erreicht den Herzog in Stettin die Nach-
richt der Bürgerschaft: *»Wir werden von
Tag zu Tag dergestalt beängstigt und
belästigt, daß wir viel lieber tot wären,
als in solcher Not und Drangsal länger zu
leben wünschen und begehren möchten.«*

Swinemünde: das Städtische Kurhaus an der Strand-promenade. 1874 wird mit dem Ausbau des Fahr-wassers Stettin-Swinemünde – der sogenannten Kaiser-fahrt – begonnen. 1945 Flüchtlingshafen, fordert der Anflug der US Air Force auf Swinemünde rund 25 000 Todesopfer.

Der Zerstörungswut der Wallensteiner fällt die Architektur des Klosters Elde-na, die unter früheren wüsten Fehden bereits gelitten hat, endgültig zum Op-fer. Die Reichstruppen besetzen den windgepeitschten Dänholm, in Star-gard fließt das Blut gleich in solchen Strömen, daß eine stattliche Bastei im romanischen Stil zum »Roten Meer« wird, in dem es gestanden hat. Nur die Stralsunder um Bürgermeister Lam-bert Steinwich, vertraglich an das Königreich *Schwöden* gebunden, bieten den Kaiserlichen mit Hilfe schwedi-scher und dänischer Truppen – nicht zu vergessen jener *Haufen alter Weiber,* der Wasser und Pech zur Abwehr des Gegners kocht – die Stirn.

Wallenstein, auf dem Weg, die Habs-burger zu Herren über die Ostsee zu machen, hat den ihm immer wieder einmal in den Mund gelegten Schwur

»*Und wenn Stralsund mit Ketten an den Himmel geschmiedet wäre, so will ich es doch herabreißen*« wahrscheinlich nie geleistet, aber er hätte ihn schwören konnen. Seinen rund 25000 Mann ge-lingt es trotzdem nicht, die wegen ihres naturgeschützten Hafens strategisch bedeutende Kaufmannsstadt am Sund zu nehmen. Als es 1646 zu längst fälli-gen Friedensgesprächen kommt, nennt ein erboster Kaiser Ferdinand den Wi-derstand Stralsunds als Grund für Gu-stav II. Adolf, um »*seine völckher zu ver-samblen und hernach auf deß Reiches Boden zu füehren*«.

Für Stralsund, das *bei der wahren Re-ligion augsburgischer Confession ver-harrt* wie bisher, beginnt die Schweden-zeit, die mit kurzer Unterbrechung rund 200 Jahre dauern sollte. Ein Stral-sunder wie der hier geborene Chemiker Carl Wilhelm Scheele, Entdecker von

Chlor und Sauerstoff, geht nur folgerichtig dann auch aus Schweden in die
Geschichte der Wissenschaften ein.

Gustav Adolf aus dem Hause Wasa,
den Napoleon I. einmal zu den acht
größten Feldherrn der Weltgeschichte
zählen sollte, landet mit einer rund
13000 Mann starken Invasionsarmee
beim Fischerdorf Peenemünde auf
Usedom, was Kaiser Ferdinand –
*»fromm, gemütlich, faul und zäh« laut
Golo Mann* – mit *»ein Feinderl mehr«*
kommentiert haben soll, die Kriegslage
trotzdem völlig verändert. Religiöser
Eifer und protestantisches Sendungsbewußtsein, die den Schwedenkönig
auf einem besseren Platz der Geschichte landen lassen, werden ihm einmal
ebenso angedichtet wie jener Kniefall
vor dem Schöpfer, der nichts weiter als
ein Stolpern auf dem Landesteg zu Usedom ist. Den »Löwen aus Mitternacht«
stören die kaiserliche Kontrolle der
Ostseeküste (bis Danzig) und eine
habsburgische Ostseeflotte, die als
Gerücht die Runde macht. Was ihn
reizt, sind Landgewinn und die eigene
Machtstellung, stehen Ein-, Auf- und
Durchmarsch in *Teütschlandt* doch im
Einklang mit Schwedens bisher praktizierter Eroberungspolitik. Der Souverän läßt kaum Zweifel daran, daß er zur
Satisfaction für sein Eingreifen zugunsten der gerechten Sache an die Übernahme Pommerns denkt, was zur Pommernfrage des Krieges wird. Als
mißtrauische, durchaus evangelische
Fürsten wie Gustav Adolfs Schwager,
der Kurfürst von Brandenburg, ihm die
Unterstützung verweigern, schließt er
im pommerschen Bärwalde den Subsidienvertrag mit Frankreich.

Nach dem Ausbooten bringt Gustav
Adolf die Inseln Usedom und Wollin,
damit die Odermündungen in seine
Gewalt, mindestens eine Nacht soll er
dabei im Kaseburger Pfarrhaus übernachtet haben. Danach segelt er über
das Haff nach Stettin, um dem kranken
Bogislaw XIV. vertraglich ein *»wenn bei
dem Tod des Herzogs Streitigkeiten entstehen, soll der König von Schweden das
Land vorerst behalten«* aufzuzwingen.
Der Pommernfürst stellt dem Glaubensbruder den Hofprediger Jacob Fabricius zur Seite. Der in Greifswald
promovierte Kösliner Schumachersohn und Kirchenlieddichter (*»Verzage
nicht, du Häuslein klein«*) begleitet den
König der Schweden auf kommenden
Abenteuern als Feldprediger und
Beichtvater.

Protestantische Pommern müssen
protestantischen Schweden *für das
Evangelium* ihre Städte und Festungen
öffnen ... zumindest das, was nach den
Verheerungen durch beutegierige Kaiserliche noch Stadt oder Festung ist.
Greifswald würde den Tag der Befreiung noch 200 Jahre später ganz offiziell
als Perusius-Fest feiern: Perusius, kaiserlich-katholischer Oberst und »Teufel in Menschengestalt«, war bei Kämpfen auf dem Rosental gefallen! Die
Schweden, als Befreier begrüßt, brachten jetzt nur kurz Erleichterung, um
sich dann – der Krieg ernährt den Krieg
wie im übrigen Reich – nicht besser als
die Wallensteiner zu verhalten.

Als sich der Dreißigjährige, der jeden
dritten Pommer das Leben kostet, eines
Tages totläuft, hat das Durchzugsland
der Schweden neben der Pfalz, dem
Durchzugsland der Franzosen, am
meisten gelitten. Pasewalk, Penkun und
die Hansestadt Wollin sind von Kaiserlichen, Wolgast von Dänen, Ueckermünde von Schweden niedergebrannt.
Massow ist ein Trümmerhaufen, Pribbernow und Schivelbein liegen ruiniert, das Kloster Stolpe ist abgefackelt
und bis auf die Grundmauern zerstört.
Die Hansestädte Anklam und Gützkow
haben jeden Wohlstand eingebüßt,
Freienwalde ist durch Kriegshandlungen, Mord, Totschlag oder Pest weitgehend entvölkert ... *»Pommerland ist abgebrannt«,* woran Kinderstimmen in allen deutschen Gauen fortan erinnern.
Natürlich haben wiederum nicht alle
verloren, wie es in Kriegen nun einmal
üblich ist. Dem Generalfeldmarschall
Carl Gustav von Wrangel etwa, seit
1646 Oberbefehlshaber der Schweden

*König Gustav II. Adolf
aus dem Haus Wasa
(1594–1632). Mit der
Landung auf Usedom tritt
Schweden in den Dreißigjährigen Krieg ein.*

im Reich, haben Waffengang und Dank des Vaterlandes Gut Spyker auf Rügen eingebracht (später durch Heirat im Besitz der von Putbus, ab 1964 privilegiertes FDGB-Ferienheim, heute ein Schloßhotel).

Während des Krieges ist mit dem Tod des erbenlosen Bogislaw XIV. das pommersche Greifengeschlecht ausgestorben, das die Region rund 500 Jahre beherrschte. In einer perfekten Welt stünde Brandenburgs Kurfürsten jetzt die Erbfolge zu, der Friedensvertrag von Osnabrück, der das römisch-deutsche Reich in rund 350 Staaten aufteilt, überläßt Vorpommern (ein Begriff dann seit 1653) mit Rügen und die wirtschaftlich wichtigen drei Odermündungen mit Usedom und Wollin allerdings Schweden. Das erbberechtigte *Brantenburg* erhält mit Mittel- und Ostpommern nur ein Teilerbe, doch den Kurfürsten ist der unmittelbare Zugang zur Ostsee gesichert (pommersch: *unner Dack und Fack*). Mit Stargard als Hauptstadt ist es der schnelle Ausbau der hinterpommerschen Stützpunkte bis an die Grenze Westpreußens, der die Integration des fernen (Ost-)Preußen in einen Gesamtstaat fördert.

Die Hoffnung auf einen dauerhaften Frieden, wie im Westfälischen zu Papier gebracht, erfüllt sich nicht, gekämpft, belagert und geteilt wird weiterhin. Schläge der Geschichte stellen brandenburgische Hinter- gegen schwedische Vorderpommern, bringen russische, sächsische und andere Heere ins

Femdenverkehrswerbung des Luftkurorts Pollnow im Tal der Grabow/Hinterpommern.

Land. Zumindest ein Grund dafür ist, daß sich Brandenburgs barocker Friedrich Wilhelm – obwohl wahrer Held nur selten von Gott und der Welt bewundernd-ironisch der Große Kurfürst genannt – den Wahlspruch *plus outre* (über das Mögliche hinaus) zur politischen Vorlage macht.

Im Schwedisch-Brandenburgischen Krieg kann er mit dem Kern der späteren preußischen Armee bei Warschau und Fehrbellin europäisches Aufsehen erregen, die Oderfestung Stettin kapituliert vor seinen Regimentern Nr. 1, Nr. 3, Nr. 4 zu Fuß. Doch das unter so großen Opfern im Dezember 1677 Gewonnene muß im Vertrag von St. Germain ausgerechnet jenen Schweden zurückgegeben werden, die auf den Feldern zwischen Fehrbellin und Hakenburg den Nimbus der Unbesiegbarkeit verloren hatten. Der Verlust der guten Seehäfen schmerzt, wollte sich Brandenburg – »*Von Kolberg bis zum Kongostrand/Gott sei mit unsrer Flagge*« (Feodor von Köppen) – doch auf den Weltmeeren zeigen, Seemacht werden, um wie England oder die Niederlande vom *Welt-Commercio* zu profitieren. Im Pommerschen wird der Kurfürst dafür mit Bahn, Greifenhagen und Cammin abgespeist. (Wenn die Deutschen eines Tages auf die Musik des Fehrbelliner Reitermarsches »*Wir wollen unsern alten Kaiser Wilhelm wiederhahn*« singen, ist dann auch nicht Friedrich Wilhelm gemeint, sondern Wilhelm I.).

Erfolgreicher ist der pragmatische Schaukelpolitiker mit seiner Politik wechselnder Koalitionen, mit der er die völkerrechtliche Anerkennung der preußischen Souveränität erreicht. An der Heimatfront legt Friedrich Wilhelm gegen den Widerstand der Städte, des Adels und der Stände die Grundlage zum preußischen Staat, auf dem sich das zweite Kaiserreich aufbauen kann. Brandenburg und Preußen sowie das dazugewonnene Hinterpommern, Minden und Magdeburg werden durch die Einrichtung der Berliner Zentralverwaltung und die Abschaffung der

---

Pollnow in Pommern

1319 gegründet, ca. 4000 Einwohner, Amtsgericht, Zollstation, evangelische, katholische und Baptistenkirche, Mittelschule, Stadtbank und Stadtsparkasse, Krankenhaus (Moorbäder), Elektrizität, Kanalisation, vorzüglich gepflasterte Straßen, 5 Eisenbahnlinien, Industriegelände am Bahnhof, mäßige Steuern. Die Stadt liegt überaus reizvoll am Fuß der bis 187 m ansteigenden Varbelower Berge, rings von bewaldeten Höhen umgeben, 40 km von der Ostseeküste entfernt. 4500 Morgen stadteigener Laub- und Nadelwald mit gepflegten Wegen und herrlichen Aussichten, meilenweite Spaziergänge, Spiel- und Sportplätze, Rodelbahn, Eisbahn, Angel- und Jagdsport; als Aufenthalt für Erholungsbedürftige und Naturfreunde wie geschaffen, Ruhesitz für Rentner und Beamte, Sommerfrische, Villenbaustellen am Waldesrand.

ständischen Mitregierung zum absolu-
tistisch regierten Gebilde. Kolberg erhält eine Ritterakademie für die Ausbildung der aristokratischen Führungs-
schicht (von Friedrich I. wie so vieles
andere eines Tages nach Berlin verlegt
und als Kadettenanstalt Lichterfelde
weitergeführt).

Bei all den Kriegshandlungen des
Jahrhunderts kaum verwunderlich,
daß bei den Pommern das »Volltrin-
ken« wieder in Mode gekommen ist.
Hatte Kantzow noch gelobt, »*daß die
schändliche, grobe Weise des Volltrinkens
nunmehr abgekommen sei, obgleich
daßelbe noch immer in vollem Schwunge
ist*«, war jetzt der Zeitpunkt, der dem
etwas generalisierenden Volksmund
Sprichwörter wie »*Im Winter säuft der
Pommer so tüchtig wie im Sommer*«
oder »*Ein pommerscher Magen kann alles vertragen*« zuaddiert. Die Landsmannschaft ist vorbelastet, schon Ra-
nengott Swantevit wurde am liebsten

mit einem großen Trinkhorn in der
Hand nacherlebt. Was der Pommer
säuft, spielt dabei keine Rolle, kann
Bier, Obst-, Rüben-, Weizen-, Korn-,
Gersten- oder Pomeranzenschnaps,
Holunderwein oder jener Fuselschnaps
sein, wie ihn die Kaschuben lieben und
selbst noch ins Grab mitnehmen. Dr.
Mampes berühmte »Bittere Tropfen«,
erstmals in Stargard hergestellt, und
der Kartoffel- oder Preußenschnaps
kommen erst später hinzu.

In pommerschen Landen können –
wohl einzigartig auf der Welt – Zölle
mit Bier entrichtet, Strafen mit Bier ab-
gegolten werden. Zu den Grundgerech-
tigkeiten, die sich an Haus und Hof
knüpfen, gehört das Brauurbar, nach
dem zum Eigenbedarf frei gemälzt und
gebraut werden darf. Nicht immer entspricht das Endprodukt allerdings
höheren Ansprüchen. Unter der Herrschaft Friedrich Wilhelms I. etwa müssen erhebliche Anstrengungen unter-

Rathaus und Marienkirche in Stargard. Das Rathaus mit seinem gotischen Maßwerk und St. Marien (14./15. Jhdt.) sind die Schmuckstücke der landwirtschaftlichen Handelsstadt.

nommen werden, um die Qualität des pommerschen Biers zu verbessern, da das bodenständige den Soldaten des Soldatenkönigs »*den Kopf ganz toll und voll macht*«. Tatsächlich hat Sohn Friedrich (später »*der Große*«) das Brauhandwerk erlernt.

Wenn weniger vom Rebensaft die Rede ist, so nur, um Freunden des guten Tropfens reinen Wein einzuschenken. Natürlich haben es auch die Pommern mit der Weinrebe ernstlich versucht, bereits 1278 wird in Grabow/Oder ein Weinberg genannt. Was daraus wurde, schildert der Stettiner Hans Hoffmann in seinem von den Klimaverhältnissen des Küstenlands geprägten »Oderwein«: »*Man schnitt, man kelterte den Wein,/ Man füllte ihn in Fäßlein ein,/ Ließ gären ihn ein stilles Jahr, Bis daß er reif zum Trinken war./ Drauf hub ein sehr verwegner Mann/ Mit Vorsicht ihn zu kosten an./ Doch was*

dem ärmsten da geschehn,/ Das war erbärmlich anzusehn./ Es ward, wer nur von weitem stand,/ Von heißem Mitleid übermannt,/ Und fühlt ein Rühren schmerzenreich,/ Dem schwersten Katzenjammer gleich.«

Der rundherum praktischen Art der Pommern entspricht, daß sie ihren Wein anderweitig verwendeten. Sie legten ihre ach so berühmten pommerschen Heringe hinein, was – vorausgesetzt, die Geschichte stimmt – als Geburtsstunde des sauren Herings gelten kann!

Rin in die Kartoffeln, raus aus den Kartoffeln

Unter Friedrich I., aufgrund einer Verwachsung der schiefe Fritz genannt, beginnt sich die Bezeichnung Preußen für den brandenburgisch-preußischen

Hohenzollernstaat durchzusetzen, unter Friedrich Wilhelm I., dem cholerischen Puritaner auf dem Königsthron, dessen Aufstieg zur europäischen Militärmacht. Letzterer befiehlt rigorose Sparmaßnahmen und die Besteuerung des Adels, verbessert das Schulwesen und macht erhebliche Anstrengungen, um das Land neu zu peuplieren, was sich Berlin eine ganze Reihe Schwanzdukaten kosten läßt. Er setzt sich im Deutsch seiner Zeit – »*Ich ruiniere die Junkers ihre Autorität*« – für die Bauern ein, verbietet den Untertanen Zeitungen und endlich auch die Hexenhatz.

Von letzterem hatten die Pommern bis dato regen Gebrauch gemacht, standen ihren großen Frauengestalten im Fürstengemach doch lange lokale Frauenzimmer gegenüber, die jenes Etwas an sich hatten, was Landsleute als Nachtmahr verfolgte. Tatsächlich keifen Hexen durch die Landesgeschichte,

fährt Verhextes aus dem Pommerschen immer wieder einmal direkt in die Hölle (nicht nur Spötter wollten darin den eigentlichen Grund sehen, warum man sich in Vorpommern lange nicht mit Ringen, sondern mit Gesangbüchern verlobte!).

Jahrhunderte hindurch hielten Pommerns zeittypische Hexen ihre Jäger so auch auf Trab. Im protestantischen Stift Marienfließ mußte »die dicke Wolte Albrechts«, in Gurkow die Witwe Pipperli, in Grimmen die schöne Anna Maria Hermann sterben, um nur einige zu nennen. Wobei aus Gründen der Fairneß zu berücksichtigen ist, daß gelegentliches Auffüllen einer oder eines Verdächtigen mit heißer Heringslake – hier hochnotpeinliche Befragung genannt – zum einen oder anderen Geständnis beitrug.

Pommerns bekannteste »Hexe« ist Sidonia aus dem alten Adelsgeschlecht

Marktplatz und Marienkirche in Stargard. Gegen Ende des Zweiten Weltkriegs wird die 700jährige Stadt, deren einstige Bedeutung an Toren und Türmen abzulesen ist, weitgehend zerstört.

der von Bork (Borcke), zuletzt wohnhaft im Stift Marienfließ. Von Wolte Albrechts unter der Folter im Jahre des Herrn 1620 angezeigt, hatte die 84jährige Edelfrau unter der Folter »eine Mißetat am Fürstenstamm« gestanden. Herzog Franz, evangelischer Bischof von Cammin, regierte zu jener Zeit Pommern-Stettin, die Unfruchtbarkeit des Greifenhauses war bekannt. Sidonia, dafür verantwortlich gemacht, wird mit grausigem Spektakulum auf dem Rabenstein vor Stettins Mühlentor hingerichtet, danach zu Asche verbrannt. Dem um Nachwuchs verlegenen Greifenhaus half es nicht weiter.

In Sidonias Nachlaß findet sich Stoff für Sagen und Geschichten. Wilhelm Meinhold, ehemaliger Pfarrer von Koserow, Krummin und Rehwinkel, mit seinem vom Feuer des Himmels und der Hölle glühenden Werk »Bernsteinhexe« berühmt geworden, hat ihr im Roman »Sidonia von Bork, die Kloster-

hexe, angebliche Vertilgerin des gesamten herzoglich-pommerschen Regentenhauses« das literarische Denkmal gesetzt.

Wie kein anderer zuvor glaubt Friedrich Wilhelm I. an die hohe Bestimmung Preußens, seine Vorstellungen von soldatischen Tugenden, Gehorsam und Pflichterfüllung setzen Maßstäbe für ein zukünftiges Preußentum. Was die Pommern betrifft, vermerkt der Souverän in seinem politischen Testament: *»Die pommerschen Wasallen seindt getreue wie goldt, sie räsonnieren wohl bisweilen, aber wen mein Sukzessor saget, es soll sein und daß Ihr Sie mit guthen zurehdet, so wierdt Keiner sich dawider mowiren.«* Zu *Mowiren* trauten sich Preußens Pommern ohnehin nicht, beruhte ihre hervorragende Disziplin doch gerade auch darauf, daß die Dressur zur Manneszucht im absolutistischen Militärsystem *pro deo, rege et patria* jederzeit erprügelbar war, der

Soldat nicht selten die Fuchtel (ein Degen mit flacher Klinge) des Vorgesetzten mehr fürchtete als den Fechtdegen des Gegners.

Nicht erprügelt werden kann, daß pommersche Einländer für Gott, König dann auch Vaterland hoch genug wachsen, um sich für die berühmte Riesengarde der Langen Kerls zu qualifizieren. Investierte der sonst so sparsame König doch gewaltige Summen in lange Untertanen, die aufgrund ihrer Größe den Vorderlader schneller laden konnten als kürzere. Hin und wieder mußten seine Soldatenwerber so auch über Pommerns Landesgrenze greifen, um etwa unter Polen in der Nachbarschaft preußisch-lange Männer zu rekrutieren. Obwohl es zu diplomatischen Zwischenfällen führte ... lange Polen kämpften oder exerzierten dann lange als Pommern.

Im Nordischen Krieg, den Rußland, Dänemark, Sachsen-Polen, dann auch Brandenburg-Preußen führen, um den schwedischen Machtbereich im Ostseeraum einzuengen, entscheidet sich Preußens Machtanspruch auf Pommern. Der Soldatenkönig läßt den kugelfesten Fürsten Leopold I. von Anhalt-Dessau Rügen und die Festung Stralsund erobern. Der Frieden zu Stockholm spricht ihm gegen zwei Millionen Taler Vorpommern bis zur Peene, Stettin, die Inseln Usedom und Wollin und das Haff mit den Odermündungen Dievenow und Swine zu, jetzt Altvorpommern genannt.

Friedrich II. »der Große« hat von dem bis zur Grausamkeit strengen Vater einen Staatsschatz von 8,7 Millionen Taler geerbt. Dazu ein schlagkräftiges Heer von 83468 Mann, die mit eisernem Ladestock und gleichem Gewehrkaliber unter dem sattsam bekannten alten Dessauer (»So leben wir, so leben wir, so leben wir alle Tage«) bereits den revolutionären, typisch preußischen Exerzierschritt üben. Beides legt er in den im Prinzip gesamteuropäischen Schlesischen Kriegen gegen überlegene Allianzen gewinnbringend an. Als der gerade mal 1,63 m messende »große« Friedrich stirbt, hat der militärisch mächtige Hohenzollernstaat ein Heer von 240000 Mann und einen Staatsschatz von 60 bis 70 Talermillionen!

»Alter Fritz steig du hernieder/ und regier uns Preußen wieder«: Zu keinem Monarchen haben die Pommern ein innigeres Verhältnis als zu Friedrich II., dem durch Krieg und Frieden bekanntesten, sicher auch umstrittensten Regenten Brandenburg-Preußens. Er verbietet das Bauernlegen und entfernt die Juden aus dem Wollhandel, um Preußens Tuchmacher zu schützen. Er legt im Pommerschen Brüche und Sümpfe trocken, 159 neue Dörfer an und füllt zur Heilung schwerer Wunden, die seine Kriege schlagen, den Neustamm der Pommern mit rund 26500 Pfälzern und Sachsen, Österrei-

Friedrich Wilhelm (1622–1688). Obwohl wahrer Held nur selten, steht Brandenburgs barocker Herrscher als der Große Kurfürst in der Geschichte.

Das Bahner Tor in Greifenhagen. Nach der Entfestigung ist es nur noch das Bahner Tor, das vom Wehrwillen der Stadt zeugt. Der Drachen, der hier lange hauste und als Spukgestalt weiterhin haust, ist nicht allzu ernst zu nehmen.

chern und Böhmen, Schwaben und Mecklenburgern, Deutschen aus Polen und Posenern auf.

Mit den Pfälzern kommt der Erdapfel, als Knolle hier *Knudel, Nudel* aber auch *Tüfte, Patüffel, Tuffel, Toffel* genannt. Leicht damit hatte es weder der absolute Herrscher noch der absolut Beherrschte. Auf seinen Kartoffelbefehl hin zwingen Dragoner lokale Bauern – wenn es sein mußte recht drakonisch – zum Anbau der bis dato für giftig gehaltenen exotischen Frucht. Unbestreitbar konnte in Zukunft der dümmste Bauer große und größte Kartoffeln ernten. Die Kolberger wollten selbst in Jahren *groter Not* wie 1743/44 – »*Diese Dinger haben weder Geruch noch Geschmack. Nicht einmal die Hunde wollen sie fressen*« – trotzdem lieber verhungern, als die ihnen vom großen Fritz in versorgender Güte übersandten ungeliebten kleinen Knollen zu essen. Die Kartoffel setzt sich – »*ein wenig Fleiß, ein wenig Glück, dann werden alle kartoffeldick*« – durch, wie nicht anders zu erwarten.

Die Pommern revanchieren sich für Gunstbeweise dieser Art, über Nacht »friedricht« es an allen Orten. Billerbeck/Kreis Rummelsburg erhält den sehr preußischen Namen Friedrichs-

huld, ein Dorf im Kreis Schlawe wird nach des Königs Schwester Wilhelmine benannt. Der Patriotismus für das Haus Hohenzollern ist von pommerscher Festigkeit und damit echt.

Am Nachhaltigsten reagieren die Pommern ihre Gefühle allerdings auf den Schlachtfeldern ab. In den Schlesischen Kriegen zeichnen sie sich bei der Verteidigung des Vaterlands wie in Präventivschlägen ganz besonders aus. Der erste Diener seines Staates sorgt dafür, daß es sie gibt, was Hermann Plötz im »Pommernlied« jubilieren läßt: »*Alte Feinde, alte Sitten,/ Alter Durst und altes Naß,/ Trotzge Mauern, heißumstritten:/ Treue Liebe, treuer Hass ... Helden hat der Ruhm zu nennen,/ Bürger, stolz und tatenjung,/ Namen, die im Herzen brennen,/ Weiht uns die Erinnerung.*«

In seinen ersten beiden Kriegen läßt der König seine Pommern fern der Heimat kämpfen. Bei Hohenfriedberg, wo Friedrichs 58000-Mann-Heer dank der schiefen Schlachtordnung 70000 Österreichern und Sachsen das schnelle Laufen beibringt, müssen sie sich ganz besonders tapfer geschlagen haben. Erlaubt der Stifter Groß-Preußens einem pommerschen Dragonerregiment hinterher doch das Recht,

Dorfgründungen Friedrichs des Großen. Der durch Krieg und Frieden bekannteste Regent Brandenburg-Preußens legt im Pommerschen Brüche und Sümpfe trocken, 159 neue Dörfer an und füllt zur Heilung schwerer Wunden, die seine Kriege schlagen, den Neustamm der Pommern mit Pfälzern, Sachsen, Österreichern, Böhmen, Schwaben, Mecklenburgern, Deutschen aus Polen und Posenern auf.

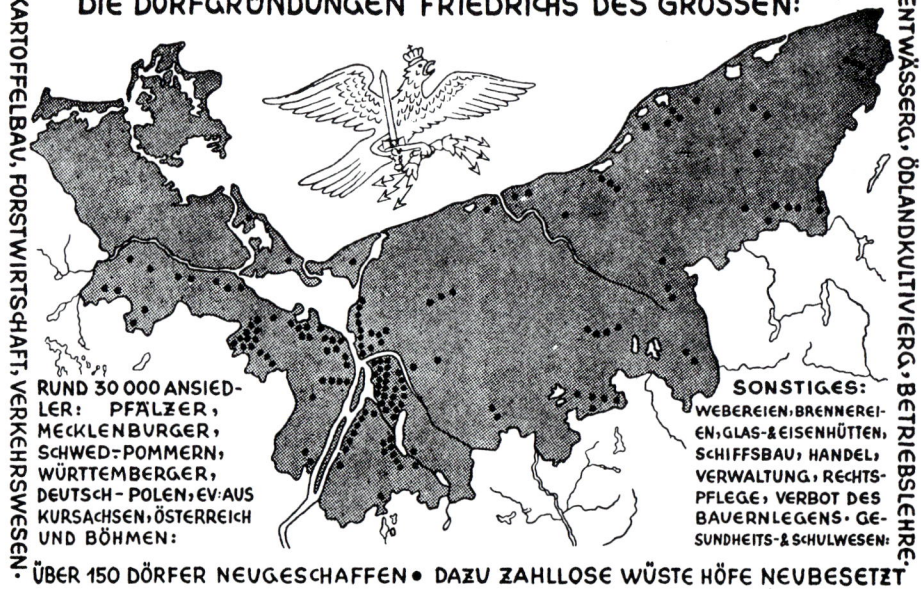

DIE DORFGRÜNDUNGEN FRIEDRICHS DES GROSSEN:

KARTOFFELBAU, FORSTWIRTSCHAFT, VERKEHRSWESEN.

ENTWÄSSERG, ÖDLANDKULTIVIERG, BETRIEBSLEHRE.

RUND 30 000 ANSIEDLER: PFÄLZER, MECKLENBURGER, SCHWED-POMMERN, WÜRTTEMBERGER, DEUTSCH-POLEN, EV.AUS KURSACHSEN, ÖSTERREICH UND BÖHMEN:

SONSTIGES: WEBEREIEN, BRENNEREIEN, GLAS-& EISENHÜTTEN, SCHIFFSBAU, HANDEL, VERWALTUNG, RECHTSPFLEGE; VERBOT DES BAUERNLEGENS. GESUNDHEITS-& SCHULWESEN:

ÜBER 150 DÖRFER NEUGESCHAFFEN • DAZU ZAHLLOSE WÜSTE HÖFE NEUBESETZT

die Zahl der (66) eroberten Fahnen in ihr Regimentssiegel aufzunehmen. Er zieht vor seinen Pommern den Hut, erlaubt ihnen, als wäre es nicht schon genug, in Zukunft den (angeblich) von ihm komponierten »Hohenfriedberger Marsch« zu spielen. Der spätere Liedtext *»Drum, Kinder seit lustig und allesamt bereit:/Auf, Ansbach-Dragoner! Auf, Ansbach-Bayreuth!«* trügt: Bayreuther waren darunter, Ansbacher nicht. Auch wer ganz generell nach Franken suchte, sah sich enttäuscht. Die »Bayreuther« waren durchweg in Pommern geboren, stammten aus dem Raum Ueckermünde, Pasewalk, Penkun, Gollnow und Gartz. Friedrich von Bayreuth, der Namenspatron, war zeitweise ihr Chef gewesen.

Wer im Vorpommerschen eines Tages dann nach Ansbach-Bayreuthern sucht, findet sie unter Pasewalker Köni-gin-Kürassieren Nr. 2 wieder. Nachdem Friedrich Wilhelm III. das Regiment seiner Gemahlin Luise (von Mecklenburg-Strelitz) geschenkt hatte, trugen Offiziere und Mannschaften zu Friedrichs Marschmusik jetzt Luises gekrönte Chiffre »L« auf der Schulterklappe.

Für den Siebenjährigen Krieg, der auf Pommerns Boden erstmals russische *Iwans* gegen deutsche *Fritzen* hetzt, steht die Notiz in den »Gesammelten Schriften« des Generalfeldmarschalls Alfred Graf von Schlieffen, selbst Sproß aus altem Kolberger Geschlecht: *»Am Vorabend der Schlacht bei Leuthen reitet Friedrich durchs Lager und redet die Truppen an: ›Nun Kinder, wie wird's morgen aussehen? Der Feind ist noch einmal so stark wie wir.‹ ›Das laß Er nur gut sein, es sind doch keine Pommern darunter. Er weiß, was die*

Blick auf Greifenhagen. 1254 durch Herzog Barnim I. deutschrechtlich gegründet, ist die Stadt mit ihrem Flußhafen seit mittelalterlichen Tagen wichtiger Verkehrsknotenpunkt. Greifenhagen wird im Zweiten Weltkrieg weitgehend zerstört.

Dorfkirche von Seelow/Kreis Greifenhagen. Seelow am Hochufer des Madüsees, einst im Besitz des Klosters Kolbatz, hielt etwas auf sein Fachwerk. Selbst die Kirche – gegen Ende des 17. Jhdt. mit freistehendem Turm gebaut – wurde dem Dorfcharakter entsprechend errichtet.

können.‹ ›Ja freilich weiß ich das, sonst könnte ich die Bataille nicht liefern wollen. *Nun schlaft wohl*‹.« Friedrichs Waffenerfolg bei Leuthen ist unbestritten, das nach der Schlacht angestimmte »Nun danket alle Gott« trägt als Choral von Leuthen zum Mythos Preußen bei.

Das von seinen Bürgern unter Major von Heyden verteidigte Kolberg wird von Russen und Schweden zu Wasser und zu Lande gleich dreimal belagert, dem General des Zaren Romanzof erst nach dem Aushungern übergeben. Im historischen Gedächtnis der Landschaft verfangen sich jene Russen, die auf dem Weg nach Berlin beim neumärkischen Zorndorf von Seydlitz-Kürassieren, Ansbach-Bayreuthern und der erneut in schiefer Schlachtordnung angetretenen Preußeninfanterie

geschlagen wurden. Ein paar tausend Tote später bei Hölkewiese im Lager, dort zum überstürzten Aufbruch gezwungen, versenken sie ihre mit Raubgut randvoll gefüllte Kriegskasse in der Pütt, wo sie aufgrund ihres Gewichts schnell untergeht. Russen kamen dann, gingen auch wieder, wie die jüngere Geschichte zeigt. Nach ihrer Kriegskasse suchen sie, so jedenfalls wird kolportiert, auch heute noch ... Der Friede von Hubertusburg besiegelt nach sieben blutigen, mit preußischen Augen gesehen jedoch ehrenvollen Jahren den deutschen Dualismus, doch nicht nur diesen.

Unvermeidbar, daß gerade die Pommern die fritzischen Kriege mit einem hohen Blutzoll, einem Übermaß an Menschenschicksal bezahlen. Allein der in Hinterpommern und in der Neumark stark vertretene Familienverband der von Kleists verliert 48 seiner Söhne. Darunter der Zebliner Dichter Ewald Christian von Kleists, der bei Kunersdorf im Kampf gegen vereinigte Russen und Österreicher von drei Kartätschenkugeln getroffen beweist, daß seine Einstellung zum Tod fürs Vaterland nicht nur leeres Gerede ist. Von Kleist stirbt in der Gefangenschaft in Frankfurt/Oder. Während des Begräbnisses legt ein russischer Offizier dem Pommer den russischen Degen auf den Sarg, »*da ein so tapferer Krieger nicht ohne Degen begraben werden darf*«.

Das Ende eines Soldatenlebens, wie es erwartet werden kann, doch lohnt es sich, einen Augenblick bei von Kleist zu bleiben. Als Schüler hat er das Jesuitenkolleg von Deutsch-Krone besucht (die Grenzmark-Perle wurde die längste Zeit Krone genannt, der Zusatz Deutsch kam erst hinzu, als man sich vom Polnischen bewußt abheben wollte). Student in Königsberg, dann Offizier im dänischen Heer, wird er von Friedrich dem Großen reklamiert und als Lieutenant nach Potsdam geschickt. Von Kleist kämpft auf österreichischen, französischen und russischen Kriegsschauplätzen, sucht dazwischen – körperlich leidend, Hypochonder – Trost in der Dichtung. Unter Klopstocks Einfluß ist »Der Frühling« entstanden, dem die von elegischem Pathos geprägte »Ode an die preußische Armee« und vaterländische Gedichte folgen. Seit 1756 Major, kommt der Pommer mit seinem Regiment nach Leipzig, wo er Lessing trifft, der ihn in der Gestalt des Majors von Tellheim im bürgerlichen Lustspiel »Minna von Barnhelm« verewigt.

Der Alte Fritz und Pommern, dessen Menschenschlag und weit gerühmtes

Pyritz: das Stettiner Tor. Mittelpunkt des fruchtbaren Weizacker wird der ländliche Handelsplatz aufgrund seiner erhaltenen alten Festungswerke das »Pommersche Rothenburg« genannt. Am Ottobrunnen bei Pyritz hatte Otto von Bamberg 1124 die ersten Pomoranen getauft.

Ewald Christian von Kleist (1715–59, Kupferstich von 1757). Dem Dichter und Offizier von Gut Zeblin bei Bublitz setzt Lessing im Lustspiel »Minna von Barnhelm« in der Gestalt des Majors von Tellheim das Denkmal.

Treptow an der Rega mit der Marienkirche (14. Jhdt.). An der Ratsschule der Hansestadt war Johannes Bugenhagen Lehrer der Heiligen Schrift und der Kirchenväter. 1534 tagt hier der Landtag, der die Einführung der Reformation beschließt.

Federvieh ... die *gaud bradne* Martinsgans für Sanssouci kommt aus Rügenwalde und nur von dort. Der Hohenzoller gründet die Kolonie Zinnowitz auf Usedom und richtet im alten Zitz eine Domäne ein. Er ernennt den Demminer Heinrich Schimmelmann zum Heereslieferanten, den Gartzer Johann Gabriel Fredersdorff zum Geheimkämmerer und hält sich den Grafen Schwerin aus dem schwedisch-vorpommerschen Wusseken als vertrauenswürdigsten General ... *»Hab'n Sie keine Angst,/ Herr Oberst von Schwerin,/ Ein preuß'scher Dragoner/ tut niemals fliehn!«*: Der Sieger von Mollwitz fällt im Siebenjährigen – die Fahne in der Hand, das *»Heran meine Kinder«* auf den Lippen – vor den Mauern Prags, um in der Benennung des Infanterie-Regiments Graf Schwerin (3. Pommersches) Nr. 14 weiterzuleben.

Und Friedrich schaut nach jenen, denen seine Kriege besonders übel mitspielen. In Stolps Langer Straße kommt es zur Einrichtung eines Kadettenhauses für *arme adeliche Kinder,* verwaiste Offizierssöhne, hier *Junkers* genannt. Noch kurz vor seinem Tod erlaubt er ehemaligen Füsilieren des Infanterie-Regiments Nr. 36/»Generalmajor von Brünning« die Gründung einer Militärischen Schützenbrüderschaft in Wangerin. Die Schützenbrüder betreuen aus dem Krieg heimkehrende Verwundete und Kranke, dann auch Witwen und Waisen, geben Gefallenen das ehrenvolle Begräbnis. Zur Pflege von Kameradschaft und soldatischen Traditionen, »*um die Augen scharf, die Hände sicher und den Geist soldatisch zu erhalten*«, wird jährlich mit dem Gewehr auf die Scheibe geschossen, wie es zum Vorbild für Krieger- und Schützenvereine in ganz Deutschland wird.

Dem Jacobshagener Schloßprediger Ludwig Brüggemann, Seelsorger und Lehrer seiner jüngsten Schwester, schenkt Friedrich einen Ring, »*weil er Meiner Schwester Liebchen wieder Mores beigebracht hat*«. Heinrich Graf von Podewils bleibt Außenminister auch dann noch, nachdem er seinem Herrscher in tiefstem Respekt zu verstehen gab, daß den Rechtsansprüchen des Hauses Brandenburg auf Teile Schlesiens feierliche Verträge gegenüber standen, auf die sich das Haus Österreich berufen konnte. Nicht ohne Grund be-

dauerte Maria Theresia ein Leben lang, den *bösen Menschen* Friedrich nicht Mann gegen Mann zum Duell fordern zu können.

Nur einmal läßt Pommern (das Land) seinen Monarchen so richtig im Stich. Als er zur Grundlage einer Seidenraupenzucht die Anpflanzung von Maulbeerbäumen als Futterquellen der etwas plumpen Schmetterlinge aus der Familie der Spinner befiehlt, machen im Gegensatz zu willigen Eingeborenen Pommerns Klima und Boden einfach nicht mit ...

Der Untergang der von inneren Wirren gezeichneten polnischen Adelsrepublik fällt in die zweite Hälfte des 18. Jahrhunderts. Um Polen nicht ganz dem russischen Einfluß zu überlassen – Katharina »die Große« erkennt Schwächen der Nachbarn mit scharfem politischen Verstand – kommt es zwischen Rußland und Preußen zu einem ersten Teilungsvertrag, dem das Hohenzollern in alter Feindschaft verbun-

Treptow an der Rega/Kreis Greifenberg. Im Anschluß an eine alte Wendensiedlung angelegt, erhält Treptow 1277 lübisches Stadtrecht. Als Mitglied der Hanse unterhält es den Vorhafen Regamünde, das »gesunkene« Dorf an der Regamündung, um das die Sage dichte Fäden spinnt. Blick auf das Rathaus, den Markt und die Marienkirche aus dem 14. Jahrhundert.

Blick in die Steintorstraße von Arnswalde. In der Stadt zwischen den Seen hatte Preußens Volksheld Schill Napoleons General Claude Victor gefangengenommen, um ihn in Kolberg gegen Blücher auszutauschen. Der neumärkische Kreis Arnswalde wird 1938 Pommern zugeschlagen.

dene Österreich aufgrund des Gleichgewichtsdenkens nicht fernstehen kann. Friedrich hatte politischen Träumereien bereits früh ein »Ich halte es für angebracht, diese Provinz, Polnisch-Preußen und Danzig zu gewinnen« anvertraut. Jetzt nimmt er sich – »Genehmigt, weil so viele große und gelehrte Männer es wollen« – die Woiwodschaften Marienburg, Pommerellen, Kulm und das Fürstbistum Ermland mit einem Federstrich, der dem geographisch abgesplitterten Ostpreußen wie zu Zeiten der Deutschherren die Landverbindung zu Pommern öffnet.

Friedrich selbst verteidigt seine Teilungspolitik, die, zynisch den Gesetzen des Imperialismus gehorchend, gegen jede moralische Grundlage des Völkerrechts verstößt: »Ich weiß, daß man in Europa allgemein glaubt, die Teilung Polens sei eine Folge politischer Intrigen; das ist jedoch unwahr. Nachdem vergeblich alle möglichen anderen Versöhnungswege vorgeschlagen waren, mußte

man zur Teilung schreiten als dem einzigen Mittel, einen allgemeinen Krieg zu verhindern.«

Wahr dann oder nicht: Die zweite Teilung Polens erweitert Preußen um Westmasowien mit Plock, Großpolen und das östliche Kujawien, Danzig und Thorn. Durch eine dritte Teilung ihres Restgebiets vollständig aus der Liste europäischer Staaten gestrichen – »Er ist begangen, der Völkermord« (von Platen) –, werden alle Polen Untertanen Preußens, Rußlands oder Österreichs. Das feudale (evangelische) Preußen hat sich Restmasowien mit Warschau genommen, dort ein »Neu-Ostpreußen« eingerichtet. Zum reaktionären (orthodoxen) Rußland zählen Kurland und Litauen, beim patriarchalischen (katholischen) Österreich ist Krakau. Preußen, einst ein von Polen vielfach abhängiges Fürstentum, besitzt mit der Ostverschiebung den Großteil des polnischen Sprach- und Volksgebiets, eine Landmasse beinahe so groß wie die

Länder Brandenburg, Pommern, Schlesien und Ostpreußen zusammen.

Preußens großer Reformpolitiker, der Freiherr vom und zum Stein aus Nassau an der Lahn, sollte dem polnischen Adel dann »*Veränderlichkeit, Leichtsinn, Sinnlichkeit, Völlerei und einen Hang zu Ränken*« nachsagen. Den polnischen Bauern hielt er ein »*in tiefster Unwissenheit, Völlerei, Roheit und Unreinlichkeit versunken*« vor. Im aufgeteilten Polen sieht der Staatsmann trotzdem »*das traurige Bild einer unterjochten Nation, die in der selbständigen Ausbildung ihrer Individualität zerstört wurde, der man die Wohltat einer sich selbst gegebenen Verfassung entriß*«. Die damit verbundene Problematik sollte die Geschichte Deutschlands, immer auch Europas, bis in die jüngste Zeit bestimmen.

Bereits mit Friedrich Wilhelm II., Neffe und Thronerbe des großen Friedrich, kündigt sich drohendes Unheil an. Hier hatte mit Heinrich Adrian Graf von Borcke ein Stettiner, ein Pommer, als Erzieher ganz offensichtlich versagt. In Geldsachen nicht so genau – das schwarze Schaf auf dem Preußenthron braucht den Staatsschatz auf, macht 48 Millionen Taler Schulden – gerät nicht nur die Hofkasse in eine peinliche Situation. Der *dicke Willem*, wegen seiner Affären »der Vielgeliebte« oder »dicke Lüderjahn« genannt, holt mit viel Gefühl fürs Schöne und die Schönen das galante Zeitalter für Preußen nach. »*Ganz Potsdam war ein Bordell ... die*

Friedeberg in der Neumark. Auf dem Boden des Stadtkreises Friedeberg siedelten Germanen, nach den Verschiebungen der Völkerwanderung Slawen, mit der Ostwanderung im 13. Jhdt. deutsche Kolonisten. 1938 ordnet eine Gebietsbereinigung Friedeberg Pommern zu.

größten Adlichen waren am eilfertigsten« (Johann G. Schadow).

Von lokalem Charakter für Pommern ist, daß sich der voll aus der Familiennorm fallende Hohenzollernspross, »Nichtsnutz und Weiberheld« (der Alte Fritz, zugegeben: ein Frauenfeind) zur jeweiligen Ehefrau eine Reihe Mätressen hält. Dazu die Gräfin von Lichtenau, Tochter eines Potsdamer Trompeters, als lebenslange Gefährtin. Der bürgerlich geborenen Wilhelmine Encke vermacht der Monarch für geleistete Dienste die Güter Breitenwerder und Lichtenow im Kreis Friedeberg. Erst nach seinem Tod – des *dicken Willem* schöner Wilhelmine wird wegen Landesverrat und Bereicherung der Prozeß gemacht – gehen die Ländereien wieder an die Krone zurück; war man doch in Preußen, das königliche Fehltritte und Mätressenwirtschaft auf Dauer nicht akzeptieren konnte.

1774 wird im unter schwedischer Herrschaft stehenden Greifswald der Seifensiedersohn Caspar David Friedrich geboren. Seine künstlerische Ausbildung erhält er an den Akademien

von Kopenhagen und Dresden, in Sachsens Kunstmetropole wohnt und wirkt er als Maler und Graphiker bis zu seinem Tod. Caspar David Friedrichs (vermutlich erstes) Ölgemälde »Tetschener Altar« löst eine Kunstfehde aus, als Preußens Kronprinz Friedrich Wilhelm das Bild »Mönch am Meer« erwirbt, hat es der Mann aus dem hohen Norden trotzdem erst einmal geschafft.

Das für sein Gesamtwerk gültige Motto – es ist die Vergänglichkeit des irdischen Daseins, das aus vielen Symbolen spricht – schreibt Caspar David Friedrich selbst: »*Warum, die Frag ist oft zu mir ergangen/ Wählst Du zum Gegenstand der Malerei/ So oft den Tod, Vergänglichkeit und Grab?/ Um ewig einst zu leben,/ Muß man sich oft dem Tod ergeben.*« Friedrichs Auffassung von Kunst als Mittlerin zwischen Mensch und Natur, Arbeiten wie »Die gescheiterte Hoffnung« oder »Einsamer Baum«, aber auch pommersche Motive wie »Greifswald im Mond-

schein« ... als Caspar David Friedrich stirbt, ist sein Werk aufgrund neuer Orientierungen in der Malerei nahezu vergessen. Mit der Wiederentdeckung gilt Greifswalds großer Sohn als bedeutendster deutscher Landschaftsmaler der Romantik.

Gott mit uns!
Feldgeschrei: Friedrich

In empfundener Nachfolge Karls des Großen hat sich der Advokatensohn Napoleon als erblicher Kaiser der Franzosen etabliert, sein außenpolitischer Expansionsdrang zwingt Preußen zur Kriegserklärung. Der preußisch-sächsisch-braunschweigschen 120000-Mann-Armee stellt der Korse 200000 Mann, darunter badische, württembergische und bayrische Kontingente entgegen. Eine erste Demütigung erleidet das innerlich veraltete friderizianische Hauptheer auf den thüringischen Schlachtfeldern bei

Labes im Kreis Regenwalde. Der alte Stammsitz der von Borckes ist zur Kreisstadt - an der Staatsbahnlinie Stettin-Zoppot herangewachsen. In Labes diente Gustav Adolf Pompe, der Dichter des Pommernlieds, als Oberpfarrer.

*Blick auf Regenwalde.
Sehenswürdigkeit der Stadt
an der Rega ist die im
14. Jhdt. erstmals erwähnte
Marienkirche mit der Gruft
der Familie von Borcke.
1945 fällt die Innenstadt der
Kriegsfurie zum Opfer.*

Jena und Auerstedt. Als ganze Armee-korps dort die Waffen strecken, sind Preußens Soldaten, die bei Fehrbellin, Hohenfriedberg oder Leuthen einst glänzende Siege errangen, keinen Schuß Pulver mehr wert. Ein recht bläßlicher Friedrich Wilhelm III. sieht sich gezwungen, mit Königshof und Ministern über das ostpreußische Kö-nigsberg nach Memel, damit an den äußersten Rand der deutschen Welt zu flüchten, wofür Spötter dann ein spöt-tisches »Unser Dämel sitzt in Memel« haben (Dämel: soviel wie Dummkopf, nicht grundlos wird Friedrich Wilhelm häufig lediglich »der Mann der Königin Luise« genannt).

Nach Preußens tiefem Fall – neben Magdeburg, Spandau und Küstrin ist auch die Festung Stettin kampflos ge-fallen – überqueren Franzosen Oder und Weichsel. Wo immer sich Napole-on auf historisch-polnischem Boden zeigt, stößt er auf Sehnsucht nach ei-nem alten Reich in neuer Herrlichkeit: »Der heutige Tag«, so die Posener Zei-tung, »liefert der polnischen Nation zu ihrer Geschichte die glänzendste Epoche. Napoleon der Große, der Unüberwindli-che, hat unseren Boden betreten, um uns, die wir schon aufhörten zu existieren, schöpferisch wieder das Dasein zurück-zurufen. Die Feinde, die uns zu überfal-len drohten, sinken nunmehr in ihre Gräber.«

Zum Ruhmesblatt der preußischen Kriegsgeschichte wird die Verteidigung der hinterpommerschen Hafen- und Salzstadt Kolberg durch Bürger, Söld-ner, Patrioten, einige tausend in die be-lagerte Ostseefestung geschmuggelte englische Gewehre und Säbel und 700 Mann des in letzter Minute aus Memel eingetroffenen 2. Pommerschen Reser-

vebataillons. Dieses Kolberg war im Süden und Nordosten durch einen mora-
stigen Wiesengrund geschützt, der ge-
flutet werden konnte, den Hafenein-
gang deckte das Münder-Fort. Auf die
Franzosen, auf einen richtigen Waffengang, war es jedoch nicht vorbereitet.
Kolbergs Mauern sind zerfallen, seine
Bürgerwehren schlecht ausgebildet, für
die Verteidigung bestimmtes Kriegs-
gerät ist seit dem Fall Stettins in Fran-
zosenhand.

Kommandeur der Festung ist August
Graf Neithardt von Gneisenau, im für
seine Schildastreiche bekannten sächsischen Schildau ohne Graf, ohne von
und ohne Gneisenau als Sohn eines Ar-
tillerielieutenants geboren. Neithardt
war mit verkauften Ansbachern in
Nordamerika, allerdings erst, als dort
im Unabhängigkeitskrieg bereits alles
entschieden ist. Nach der Rückkehr in
die preußische Armee übernommen,
wartet seine große Stunde in Kolberg
auf ihn. An Neithardt »von Gnei-
senaus« Seite stehen – »*es bleibt nichts
übrig, als zu fechten und zu sterben*« –
der preußische Husarenmajor Ferdin-
and Baptist von Schill und der lokale
Bürgerpatriot Joachim Nettelbeck. Deren Einzelschicksale entsprechen Di-
mensionen, wie sie kommende Historiker und Geschichtenerzähler beflügeln.

*Joachim Nettelbeck (1738 –
1824), Bürgerpatriot und
erster Preuße mit dem
Patent eines Königlichen
Schiffskapitäns.*

Schill ist kein Pommer, sondern in
Wilmsdorf bei Dresden geborener
Sachse. Bei Auerstedt verwundet, stellte
er in Hinterpommern ein Freikorps aus
Fußtruppen und Reiterei zusammen,
das sich im Rücken des Feindes enga-
gierte. Zur Legende wird Schill, als er
im neumärkischen Arnswalde Napoleons General Claude Victor gefangen-
nimmt und nach Kolberg bringt. Dort
wird der Franzose gegen den preußischen Reiterführer und Strategen
Blücher ausgetauscht. Nach der Verteidigung Kolbergs versucht Schill,
Preußen in die Erhebung gegen Napoleon zu ziehen, muß nach Anfangser-
folgen jedoch zurückstecken. Als er –
getreu seinem Wahlspruch »*Lieber ein
Ende mit Schrecken als ein Schrecken ohne Ende*« – in Stralsunds Fährstaße im
Kampf gegen Holländer und Dänen
fällt, ist sein Kopf dem Gegner bereits
etwas wert: In Weingeist gelegt, wird er
einem Professor Brugmanns von der
Universität Leyden überlassen (1819
kommt Schills Kopf in das anatomische
Kabinett der Universität, 1837 nach
Braunschweig, um neben 14 Schill-
schen Offizieren in einem Mausoleum
beigesetzt zu werden). Der kopflose
Schill sollte in der Stadt am Strelasund

*August Graf Neithardt von
Gneisenau (1760 –1831)
aus dem für seine Schildastreiche bekannten sächsischen Schildau, Komman-
deur der Festung Kolberg und
Theoretiker der Befreiungskriege.*

seine letzte Ruhestätte finden. Wo er gefallen ist, wird eine Gedenktafel, über seinem Grab ein Denkmal errichtet. Rudolf Gottschall und Arnold Ruge verarbeiten Leben und Tod des Freischärlers zu Trauerspielen.

Von der Geschichte verklärt wird auch der Kolberger Schuhmachersohn Joachim Nettelbeck. Der Vater hatte es in der Bürgerwehr zum Feldwebel gebracht, der Sohn fuhr zur See. Er wird Sklavenhändler, zeichnet sich bei den Belagerungen Kolbergs im Siebenjährigen aus, transportiert, dazu gezwungen, Proviant und Militäreffekte für den russischen Gegner. Sein Schiff »Postreiter« tritt die Jungfernfahrt in Königsberg an, um danach als Blockadebrecher gegen Schweden zu segeln. Nettelbeck, als erster Preuße mit dem Patent eines Königlichen Schiffskapitäns ausgestattet, gründet in Kolberg eine Navigationsschule, wird Branntweinbrenner und erregt einiges Aufse-

Das mit plastischen Keramikornamenten geschmückte Merkurhaus von Kolberg (17. Jhdt.). Kolbergs Glanz und Gloria war als Lektüre an preußischen Schulen Pflicht. Mit der Verteidigung der Stadt bis zum Tilsiter Frieden war die Schande von Jena und Auerstedt leichter zu ertragen.

Seite 59: Kolbergs gotische Marienkirche (13. Jhdt.). In den letzten Tagen des Zweiten Weltkriegs wird die Stadt, die einst Napoleon trotzte, weitgehend zerstört.

hen, als er ein Feuer am Kolberger Dom eigenhändig löscht ... der erste Teil einer Biographie, wie sie sich bereits sehen lassen kann. Der Kerl war ein Pommer!

Als Franzosen und eine Handvoll Polen vor Kolberg (knapp 6000 Einwohner) aufziehen, ist es der inzwischen zum Ratsherrn aufgestiegene Nettelbeck, der die Übergabe standfest verhindert, worauf Gneisenau dem alten Herrn die Aufgaben eines Bürgeradjutanten und Ingenieurs am Platze überträgt. Nach dem Krieg erhält Nettelbeck als Dank des Vaterlandes eine jährliche Pension, dazu die Erlaubnis, eine Admiralsuniform zu tragen. Als er 1824 auf Kolbergs altem Militärkirchhof am Frühkonzertplatz zur letzten Ruhe gebettet wird, schreiben sie auf seinen Grabstein: »Hier ruht der Bürger Joachim Nettelbeck aus von den Stürmen seines viel bewegten Lebens.«

Der Dichter würde sich seiner erinnern: »Ein schlichtes Grab in kühlem Sande,/ von grünem Efeu schön umrankt,/ birgt hier am nahen Ostseestrande/ den Held, der nie gezagt, gewankt./

Mole an der Einmündung der Persante in die Ostsee. Die Gefahr der Versandung des Hafens trieb die Molen an der Persantemündung immer weiter in die See hinaus. Die Kolberger liebten die Mauern, im Sommer der beste Platz, um Sonnenuntergängen beizuwohnen.

Er schrieb in stolzen Flammenzügen/ zu trüber Zeit in kurzer Frist:/ ›Die deutsche Treue kann besiegen/ die welsche Macht und welsche List‹.« Mit Schill und Nettelbeck, mit Kolbergs Offizieren wie Karl von Waldenfels oder Heinrich von Bülow, Kolbergs Bürgern und Soldaten, die sich sechs Monate bis zum Frieden von Tilsit gegen eine schier erdrückende Übermacht halten, ist die Schande von Jena und Auerstedt zu ertragen.

Im Juni 1807 treffen sich auf dem neutralen Boden eines Memelfloßes Zar Alexander und Kaiser Napoleon zum Übereinkommen, das zum (Diktat)Frieden von Tilsit führt. Königin Luise, die laut Zeitgenossen *weiblichste Frau Preußens*, sieht Napoleon, den *männlichsten Mann Europas*: »Es wäre Lästerung zu sagen, Gott sei mit ihm, aber offenbar ist er ein Werkzeug in des Allmächtigen Hand, um das Alte, welches kein Leben mehr hat, das aber mit den Außendingen fest verwachsen ist, zu begraben ... Dabei ist er ohne Mäßigung, und wer nicht Maßhalten kann, verliert das Gleichgewicht und fällt. Ich glaube

fest an Gott und eine sittliche Weltordnung.« Mit dem Verzicht auf rund die Hälfte des preußischen Staatsgebiets ist das Werk Friedrich des Großen »bis zu seiner Gruft vernichtet« (Arndt). Der zusammengebrochenen Hohenzollern-Monarchie, auf ihren Kernbestand Brandenburg, Schlesien, Ostpreußen und Pommern reduziert, droht die Bedeutungslosigkeit, das Schicksal Polens.

Generalgouverneur von Pommern, das erneut gelitten hat, dazu die Landschaft um Schneidemühl an das Großherzogtum Warschau abgeben mußte, ist Gebhard Leberecht von Blücher. Der ist Mecklenburger, hat trotzdem ein pommersches Schicksal bereits hinter sich: In Rostock geboren, lebt Blücher mit der Familie von Krackewitz auf dem schwedisch-vorpommerschen Rügen, um nach Ausbruch des Siebenjährigen mit den (schwedischen) Sparre-Husaren ins Feld zu ziehen. Am Kavelpaß bei Fried-

land von Preußen gefangen, schließt er sich als Kornett den (preußischen) Belling-Husaren an. Die hatten *aut vincere aut mori* als Wahlspruch, *Sieg oder Tod* auf gut deutsch.

Nachdem alle Dämme gebrochen sind, ist es die Stunde der Niederlage, in der sich abzeichnet, daß Preußens Debakel in der tiefen Kluft zwischen Staat und Gesellschaft, in den starren Standesschranken zwischen Adel, Bürger und Bauer wurzelt. Die Katastrophe mobilisiert Ideen und Ideologien, zwingt zum Bündnis zwischen Krone und Volk. Im protokollarischen Ende des stark überalterten Heiligen Römischen Reiches Deutscher Nation und der Erneuerung des preußischen Staates liegt, von heute her gesehen, ein Sinn der Zeit.

Napoleon ist mit einem versteinerten System nicht zu schlagen, zur Wiederherstellung von Preußens Glanz und Gloria bedarf es Reformen von oben, dazu einer Reihe großer Refor-

Marktplatz von Körlin. Im Winkel, den der Zusammenfluß von Radüe und Persante bilden, war Körlin – seit 1313 mit lübischem Recht – zeitweise Residenz der Bischöfe von Cammin. Vor dem Zweiten Weltkrieg leben hier 3354 Einwohner bei leichtem Frauenüberschuß.

mer: Unter ihnen der vom Kaiser geächtete Freiherr vom Stein, der Fürst von Hardenberg, Wilhelm von Humboldt, Gneisenau, Scharnhorst, Clausewitz und Boyen.

Im »Gold gab ich für Eisen« spiegeln sich persönliches Opfer und keimendes Nationalbewußtsein, in Steins »Wer Gott vertraut, brav um sich haut, dem wird es stets gelingen« die deutsche Hoffnung. Arndt, der schreibt, was Pommern lieben, quellen Patriotentexte aus der Feder wie »*Der Gott, der Eisen wachsen ließ, der wollte keine Knechte./Drum gab er Säbel, Schwert und Spieß/Dem Mann in seine Rechte*«,

dazu die programmatische Schrift »Der Rhein Teutschlands Strom, aber nicht Teutschlands Grenze«. Die deutschen Fürsten und Herren wünscht sich der Rüganer dagegen zum Teufel: »*Jeder, der mit seinem Volke nicht Glück und Unglück, Not und Tod teilen will, ist nicht wert, daß er unter ihm lebt, und muß als ein Bube oder ein Weichling von ihm ausgestoßen werden.*«

Von Ostpreußen gehen jene Anregungen für Reformen von Gesellschaft und Staat aus, die in wenigen Jahren die Grundlagen für ein neues Preußen bilden. Die Erbuntertänigkeit gegenüber dem Adel wird aufgehoben, was

Greifenberg an der Rega mit einem Turm der alten Stadtbefestigung. Eine Gründung aus dem Jahre 1262, Mitglied der Hanse, kommt »Griphenberch« dank des Rechts der freien Schiffahrt zum Meer relativ früh zu Wohlstand und Ansehen. In Greifenberg befand sich im 14. Jhdt. ein Franziskanerkloster und eine Lateinschule.

den Bauern die Freiheit von Person und Besitz gegenüber dem Grundherrn sichert, allerdings noch ohne beide ganz voneinander zu lösen. Jedermann ist berechtigt aus dem Bürger- in den Bauernstand, jeder Bauer in den Bürgerstand zu treten. Eine neue Städteordnung erscheint, Preußen erfreuen sich ohne Ansehen der Konfession der gleichen Rechte. Die Heeresreform sieht die Volksbewaffnung (Landwehr, Landsturm) vor, die Abschaffung ständischer Vorrechte beim Militär, dazu das Ende der Prügelstrafe, im Volksmund »Freiheit der Rücken« oder »Rückenfreiheit« genannt.

1812 zieht Napoleon gegen Rußland, am Riesenfeldzug der Großen Armee muß sich nahezu ganz Europa beteiligen. Preußen, in ein Schutz- und Trutzbündnis mit dem Korsen gezwungen, stellt ein Hilfskorps unter Generallieutenant Yorck von Wartenburg, der ein enges Verhältnis zu Pommern unterhält (laut Familientradition sind seine Vorfahren aus England über Schweden nach Pommern eingewandert, um sich auf Gut Gutkow niederzulassen. Yorcks Großvater war Prediger in Rowe bei Stolp). Mit dem durch Moskaus Brand und Rußlands Winter forcierten Rückzug beginnt der Aufstand gegen Welsche und Kauderwelsch sprechende Fremdherrschaft. Yorck von Wartenburg, der Napoleons Flanke im Baltikum decken soll, schließt in der Mühle von Poscherun mit dem nachrückenden Gegner die Konvention von Tauroggen, die ein Neutralitätsvertrag, de facto jedoch ein Bündnis mit Rußland ist. Seine Preußen besetzen – *»Parole ist Gott mit uns! Feldgeschrei: Friedrich«* – den Raum Tilsit/Kurisches Haff und rücken, aggressiv wie Darßer Mücken, von dort aus nach Westen vor. Es sind jetzt die alten Feinde, die den Korsen auf der Flucht erkennen lassen, daß es *»vom Erhabenen zum Lächerlichen nur ein Schritt ist«.* Es ist der Kampf gegen Frankreich – *»wo jeder Franzmann heißet Feind, wo jeder Deutsche heißet Freund«* (Arndt) –, in dem sich die deutsche Nation bildet.

Mit dem berühmten, von Staatsrat von Hippel verfaßten Aufruf »An mein Volk« – zum ersten Mal bittet ein absoluter Herrscher um die Opferbereitschaft seiner Untertanen – wird die gedemütigte Nation vor die Wahl zwischen einem ehrenvollen Frieden und dem ruhmvollen Untergang gestellt. Die am Geburtstag der verstorbenen Königin Luise gestiftete, von Schinkel entworfene Tapferkeitsauszeichnung vom Eisernen Kreuz erinnert an das schwarze Kreuz im weißen Mantel der Deutschordensritter.

»Zu Stralsund lass' die Ketten fallen,/ die Fahne lass' zu Kolberg wallen:/ Den

Marienkirche und Wehr in Greifenberg. Das dreischiffige Gotteshaus St. Marien wurde 1386 geweiht, nach zwei Brandkatastrophen im 17. Jhdt., die nahezu die gesamte Stadt zerstörten, neu errichtet. In St. Marien sehen die Greifenberger das Wahrzeichen ihrer Stadt.

Belgard: Marktplatz und Marienkirche (14. Jhdt.). Bereits in wendischer Zeit ummauerte Siedlung und Mittelpunkt einer Kastellanei, erhält Belgard 1299 lübisches Recht.

Adler bade in der See,/ Er steigt dann wieder frisch zur Höh'«: Im Oktober 1813 entscheidet die viertägige Völkerschlacht bei Leipzig *das Schicksal der Welt* (Freiherr von Müffling). Die Leipziger Zeitung zitiert Blücher – nach Arndts Gedicht *»Vorwärts! Vorwärts! rief der Blücher«* in Zukunft auch »Marschall Vorwärts« genannt – mit dem Satz: *»Die gute Sache hat gesiegt.«* Blüchers Hoffnung, daß *»die Federn der Diplomaten nicht wieder verderben, was durch die Schwerter der Heere erworben ist«* wird allerdings enttäuscht.

Von Gänseschwarzsauer, Polenfimmel und Ehrendienst

Anno 1814 formuliert Kriegsminister Hermann von Boyen das Gesetz, das die allgemeine Wehrpflicht, nach der Verstaatlichung des Soldatenberufs hier *Ehrenpflicht* genannt, auch für Friedenszeiten einführt. Zur gleichen Zeit wird auf dem Wiener Kongreß getanzt (Quelle: ein Ufa-Film von 1931), wenn nach rauschenden Ballnächten die Zeit dazu verbleibt, der Versuch unternommen, Europa eine neue, Frieden und Stabilität garantierende Ordnung zu geben. Die verbündeten Großmächte Preußen, Österreich, Rußland und Großbritannien treffen sich mit den Vertretern Frankreichs und einer Reihe von Königreichen und Fürstentümern. Die unterzeichnete Bundesakte konstituiert allerdings nur den schwerfällig organisierten Deutschen Bund unter Führung des Fürsten Metternich, Grillparzers »Don Quichote der Legitimität«. Die Deutsche Frage bleibt ungelöst, womit sich die im Volkskrieg gegen Napoleon erhoffte Einheit der Nation ebenso als Utopie erweist wie die Aussicht auf einen Abbau absoluter Fürstenmacht. Die Völker bleiben Un-

tertanen, Metternichs Worte »*Mein geheimster Gedanke ist, daß das alte Europa am Anfang seines Endes steht*« dafür als Menetekel an der Wand.

Im allgemeinen Länderschacher fallen Preußen das nördliche Sachsen, Rheinland-Westfalen, die Provinz Posen und Westpreußen mit Danzig und Thorn zu. Friedrich Wilhelm III. versichert polnischen Mehrheiten im preußischen Posen: »*Auch Ihr habt ein Vaterland ... Ihr werdet meiner Monarchie einverleibt, ohne Eure Nationalität verleugnen zu müssen. Eure Sprache soll neben der deutschen in allen öffentlichen Verhandlungen gebraucht werden.*« In der Praxis will der ordnungsliebende Preußengeist jedoch »*die Einschmelzung der polnischen Untertanen in den preußischen Staat mit Hilfe deutscher*

Pommern ist Deutschlands wichtigstes landwirtschaftliches Überschußgebiet; von Schweinezucht, Weizen, Roggen oder Runkelrüben profitieren besonders Berliner, Brandenburger und das Ruhrgebiet.

*Bad Polzin/Kreis Belgard.
Der seit dem 17. Jhdt.
bekannte eisenhaltige Säuer-
ling und das Moorbad ma-
chen den Fremdenverkehr
zum wichtigen Wirtschafts-
faktor. Unter den Badegä-
sten Preußens Königin Luise, nach der die Kuranlage
des Landstädtchens im Tal
des Wugger- und Tauben-
bachs benannt wird.*

Bildung und Kultur« erreichen (Ober-
präsident von Flottwell).

Mit der politischen Neuordnung Europas durch den Wiener Kongreß, nach
dem Prinzip des Gleichgewichts wie ge-
habt, tritt Schweden das künftige Neu-
oder Preußischvorpommern mit Rügen an Dänemark ab, das es im Tausch
gegen das Herzogtum Lauenburg und
einen Aufpreis von 3,5 Millionen Taler
Preußen überläßt. Der feierliche Län-
derhandel, der das im Dreißigjährigen
Krieg getrennte Pommern wieder vereinigt, wird im Rathaus von Stralsund
besiegelt, was aus Schwedens Ostsee-
Perle ein schwedenfreies, preußisches
Schmuckstück macht. Es konnte keinen besseren Platz dafür geben.

Die Werft- und Hafenstadt, der
Wächter Rügens, liegt im Kern auf einer Insel an der Westseite des Strelasund. Aus einem slawischen Fischerdorf erwachsen, seit altersher wichtiger
Verkehrsknotenpunkt, wird *Stralowe*

durch Witzlaw I. von Rügen mit dem
Lübischen Stadtrecht belehnt. Mitglied
der Hanse, die sich – mit dem Frieden
von Stralsund auf dem Höhepunkt ihrer Macht – ein Mitspracherecht in Dänemark sichert, sind es mehr als 300
Koggen, die mit der Flagge der Stadt
den Wohlstand ihrer Bürger repräsen-
tieren. Seit 1325 Teil Pommerns, leitet
der Alliance-Vertrag mit Gustav II.
Adolf die Schwedenzeit ein, die jetzt
abgelaufen ist. Steinerne Belege einer
reichen Geschichte bleiben Klosteran-
lagen, die Nikolaikirche (um 1275) in
der Alt-, die Marienkirche (1298) in der
Neustadt, die Jakobikirche (um 1300)
und das Alte Rathaus.

Mit der Einführung der »Union«
von Lutheranern und Reformierten in
einer gemeinsamen evangelischen Kirche soll im Gedächtnisjahr des The-
senanschlags die religiöse Spaltung
überwunden werden. Als aufgrund der
Restauration protestierende Protestan-

ten Widerspruch anmelden – von überragender Bedeutung ist jetzt, ob Pastoren das Kirchengebet in neuverordneter Form mit »Unser Vater« oder mit dem althergebrachten »Vater unser« beginnen – wird ihnen das Recht auf eigene Gottesdienste entzogen. Altlutheraner, die in der Union den Abfall von der Bekenntnisgemeinschaft der Wittenberger Reformation, sich selbst als rechtmäßige Erben des lutherischen Kirchentums sehen, wählen daraufhin die Emigration.

Offizielle Genehmigungen zur Auswanderung unterliegen der Bedingung, daß sie unter Führung eines altlutherischen Geistlichen stehen, pommersche Glaubensflüchtlinge landen mit einem Pastor Grabau in der Neuen Welt. Eine Gruppe läßt sich in Buffalo/NY nieder, der Rest wählt mit Wisconsin eine Landschaft, die Pommern ähnlich ist. Dort trägt der nach Amerika verpflanzte Baum reiche Früchte, zieht der frühe Pioniererfolg weitere Glaubensbrüder

an. In Wisconsin, hin und wieder »Neupommern« genannt, bleiben die Zimmermanns, Radues, Schoessows, Moldenhauers oder Gottliebs jahrzehntelang unter sich. Sie helfen dabei, den US-Staat zur Milchkammer der Welt zu machen, ihre Sprache bleibt vorerst das pommersche Platt.

Auf Pommersch unterhalten sie sich auch rund um Jequitiba oder Santa Maria de Jetiba im brasilianischen Urwald. 1858 gründen Pommern die Kolonie Sao Lourenço bei Pelotas. Obwohl das van der Heydt'sche Reskript jetzt die Auswanderung nach Brasilien verbietet, ziehen Leineweber mit Spinnrad, Breche und Schläger übers Meer, gesellen sich Tagelöhner und Kleinbauern dazu. »*Uns ward zur zweiten Heimat/Brasiliens Sonnenland; gar fest hält uns umschlungen/mit ihm des Dankes Band*«: Einmal im Land, erregen die Pomeranos Aufsehen, da sie sich mit einem durchschnittlichen Zuwachs von acht bis zehn Kindern pro

Köslin am Fuße des Gollen mit der spätgotischen Backsteinbasilika St. Marien (14. Jhdt.). Nach der Reformation fürstbischöfliche Residenz, im Dreißigjährigen Krieg schwer heimgesucht, vernichtet die Brandkatastrophe von 1718 nahezu die ganze Stadt.

Familie nicht vermehren, sondern vervielfältigen. In den meist geschlossenen Pommernsiedlungen erhalten sich Sprache und Brauchtum besonders lange, allerdings auch das Heimweh, wie es Maria Kahle den Pionier fern der Heimat fühlen läßt:

»Goldblaue Meere locken,/ und hallend, wie Vinetas Glocken,/ steigt uns aus Blutesgrund ein Urgesang,/ sein Rhythmus treibt in unserm Fernendrang ... Doch wenn auch Weltenrausch uns weit vertrieb/ vom Herkunftsland:/ ein herber Ruch von Heide,/ Bergtannenduft, lenzgrüner Buchenheide/ blieb uns im Blut; ja, Heimweh, Heimweh blieb!«

Rund 150 Jahre, nachdem die ersten Pommern eingewandert sind, geht es in Pommerode/Rio de Testo hin und wieder dann auch immer noch wie in Denzin-Dunröse, Nitzlin, Wildenbruch oder Damgarten zu. Brasiliens »deutscheste Stadt« ist für ihre Pommernfeste, daneben für den höchsten Bierkonsum des Landes bekannt, wozu Familien wie die Rathkes, Riebes, Zastrows oder Radünz kräftig beitragen. Die Pommeroder wissen den *churrasco* (Spießbraten brasilianischer Art) zu schätzen, haben so pommersche Spezialitäten wie Blutkuchen (Schweine- oder Gänseblut, Mehl und Rosinen) oder Gänseschwarzsauer (weichgekochtes Gänseklein und Wurzelwerk, Backobst, Lorbeer, Gewürznelken, Nelkenpfeffer, mit geriebenem Pfefferkuchen, Salz und Essig verquirltes Gänseblut) trotzdem auf dem Speisezettel ...

Europa hat Ruhe, was darüber hinwegtäuschen kann, daß seine inneren Spannungen wachsen. Die Pariser Julirevolution gibt nationalen und liberalen Bewegungen neuen Auftrieb. Als der Zarenhof im unter russischer Oberhoheit stehenden Polen darauf mit rücksichtsloser Russifizierung rea-

Pommersches Fischerhaus. Pommerns Fischern gehen in Ostsee, Haff und Boddengewässern Heringe, Dorsche, Flundern, Aale, Plötzen, Barsche, Brasse, Horn-, Plattfische und/oder Makrelen in Netze, Körbe und Reusen. Bekanntester Fisch ist der Hering, wertvollster der Lachs.

giert, kocht im Westen der sogenannte Polenfimmel über. Europas Demokraten nehmen Stellung für die als Märtyrer angeschwärmten Polen, das liberale Deutschland sieht die Wiederherstellung eines unabhängigen polnischen Staates als moralische Pflicht. Beim Hambacher Fest ist Weiß-Rot neben Schwarz-Rot-Gold aufgezogen, als mit Jósef Wybickis Kampflied »Noch ist Polen nicht verloren« das Symbol polnischer Wiedergeburt erklingt.

Der von den kühnen Gedanken der Romantik beflügelte Dichter August Graf von Platen geißelt die russisch-preußische Interessengemeinschaft mit spöttischem Wort: »*Seit das Reich der Jagellonen/ Fromm wir unter uns zerstückt,/ Sind verschmolzen unsre Kronen,/ Weil uns gleiche Tugend schmückt.*« Preußens Polen lassen keine Zweifel am politischen Ziel: »*Brüder, Sensen in die Hände! Auf zum Kampfe laßt uns eilen!/ Polens Knechtschaft hat ein Ende. Länger wollen wir nicht verweilen./ Sammelt Scharen um Euch alle!*

Unser Feind, der Deutsche, falle!« Der Rüganer Arnold Ruge fordert die Wiederherstellung Polens in der Paulskirche im Namen von Humanität und Gerechtigkeit, Richard Wagner steuert dem Zeitgeschehen die Polonia-Ouvertüre bei ...

Im Jahre 1847 sieht Reinfeld-Alt Kolziglow im Kreis Rummelsburg die Eheschließung zwischen Otto Eduard Leopold von Bismarck und Johanna von Puttkamer. Das pommersche Edelfräulein hatte der Landedelmann in Adolf von Thaddens Schloß Triglaff kennengelernt, den Brautwerbebrief an Heinrich von Puttkamer in Stettins Hotel Preußenhof geschrieben. Der märkische Junker, der »*entweder der größte Lump oder der erste Mann Preußens*« werden will, dann als preußischer Ministerpräsident und Reichskanzler fast ein ganzes Jahrhundert beeinflußt wie kein anderer, entstammt einem altadeligen pommerschen Geschlecht. Die Verbindung mit Johanna von Puttkamer

Rauchhäuser in Kamp am Kamper See. In der Nähe des Fischerdorfs im Kreis Greifenberg wurden Werkzeuge gefunden, die auf eine Besiedlung in der Steinzeit schließen lassen.

bringt ihn dem Küstenland noch näher.

Bismarck hat, im Waterloo-Jahr geboren, auf hinterpommerschem Familienbesitz (Külz, Jarchlin und Kniephof) frühe Jahre seiner Kindheit verbracht, bei gleichzeitigem Studium der Landwirtschaft in der Staatsakademie Eldena im 2. Jägerbataillon in Greifswald einen Teil seiner Militärpflicht abgeleistet. Mit dem Ausscheiden aus dem Staatsdienst zusammen mit Bruder Bernhard Verwalter väterlicher Güter, war er im Pommerschen aufgrund von Eskapaden als »toller« oder »wilder« Bismarck bereits ein Begriff, als ihn der Tod des Vaters zum Eigentümer des Kniephof im Kreis Naugard macht.

Den pommerschen Besitz vergrößert die Königsgabe. Die Dotation von 400000 Taler, die Bismarck für den Triumph im Bruderkrieg von 1866 von König Wilhelm I. erhält, legt er in rund 32000 preußische Morgen großen Ländereien zwischen Wipper und Grabow

an. Obwohl Geld auf Gütern wie Varzin (einst im Besitz der v. Zitzewitz), Wendisch-Puddiger oder Misdow wegen der kaum ertragreichen Landwirtschaft *schwer zu finden ist,* fühlt er sich dort selbst als Fürst noch wohl. Varzins Richtberg, auf dem einst der Galgen stand, zieht ihn immer wieder an, unter der Kalnoky-Eiche trifft er Österreichs Außenminister zum politischen Gespräch. Ins pommersche Rückzugsgebiet ruft ihm Wilhelm Busch hinterher: *»Hochmütig ist der Pfaffen Zunft;/ O Bismarck, bring sie zur Vernunft!/ Schmoll nicht zu lange in Varzin,/ Sonst möcht' wohl gar ihr Weizen blühn./ Nimm sie beim Ohr und sprich zuletzt:/ Hier, meine Herrn, gilt das Gesetz.«* Es sind Fußnoten dieser Art, die Pommern aufgrund adäquater Zeitungsmeldungen im Reich auf die Landkarte setzen.

Bismarck, dann die Polen und die Pommern: Die Stolper hatten den eisernen Kanzler in Bronze auf ihren Bismarckplatz gestellt, die Polen stürzten

Schlawe: das Kösliner Tor aus der Stadtmauer. Bereits im 12. Jhdt. erwähnt, erhält die Civitas nova Zlawena 1317 lübisches Recht. Die Kreisstadt an der Wipper ist Geburtsort von Hans Bredow, dem »Vater des deutschen Rundfunks«.

ihn auf dem Weg zur geteilten Welt vom steinernen Sockel. Der preußische Junker aus dem altmärkischen Schönhausen wird durch den polnischen Landadeligen Henryk Sienkiewicz aus Wola Okrzejska bei Maciejowice ersetzt. Der hatte in seinem Werk Polens alte, gerade auch große Zeit thematisiert und für den Roman »Quo vadis?« den Literatur-Nobelpreis erhalten.

Als Antwort auf die politischen und wirtschaftlichen Verhältnisse der Zeit hat sich in deutschen Landen eine Opposition etabliert, die den sozialen Umschwung, besonders auch die nationalstaatliche Einigung propagandiert. Die Märzaufstände von 1848 zwingen die Fürsten zu Konzessionen, schon im Mai wird in der Frankfurter Paulskir-

che die zentrale Regierungsgewalt und nationale Verfassung diskutiert. Der Dauerbrenner Arndt beteuert der Nationalversammlung: »*Daß ich hier stehe, ein Greis jenseits der Grenze, wo man wirken kann, war das Gefühl, als ich erschien. Ich erscheine gleichsam wie ein gutes altes deutsches Gewissen, dessen ich mir bewußt bin.*« Der Pommer ist unter jenen, die Friedrich Wilhelm IV. die Kaiserwürde antragen, dann von ihm gerüffelt werden: »*Einen solchen imaginären Reif, aus Dreck und Letten gebacken, soll ein legitimer König von Gottes Gnaden, und nun gar der König von Preußen sich geben lassen, der den Segen hat, wenn auch nicht die älteste, doch die edelste Krone, die niemandem gestohlen ist, zu tragen.*«

Rummelsburg: Blick in die Bahnhofsstraße. Im frühen 14. Jhdt. beurkundet, erhält die Tuchmacherstadt im Tal der Stüdnitz erst 1721 Stadtrecht. 1730 wird die evangelische Stadtkirche gebaut, die neubarocke Haube erhält ihr Turm zwischen den Weltkriegen.

Bürger, Arbeiter und Studenten, Turn-, Schützenvereine und polnische Legionäre gehen – *»Eilt schleunigst mit Waffen und Munition herzu! Es gilt!«* – auf die Barrikaden, Bauern lehnen sich gegen ihre Feudalherren auf. Doch den Reformern, des Königs »liebe Baerliner« darunter, fehlt die reale Macht, um Einigkeit und Recht und Freiheit durchzusetzen. Noch einmal siegen die alten Mächte, die Dynastien mit ihren Fürsten, königstreuen Militärs und Bürokraten, die Zensoren und der grundbesitzende Adel, von Fritz Reuter mit *»Allens bliwwt bi'n Ollen«* kommentiert. Nicht durch Volksbeschluß, nicht durch Reden werden die Fragen der Zeit entschieden, sondern durch Blut und Eisen. General von Wrangel marschiert mit 13000 Mann und 60 Geschützen nach Berlin. Dort gelingt es ihm, die preußische Nationalversamm-

»Die Erinnerung ist das einzige Paradies, aus dem wir nicht vertrieben werden können.« (Jean Paul): Publikationen der heimatvertriebenen Pommern.

lung ohne großes Blutvergießen aufzulösen, worauf die Heimat den Stettiner, der 80 Jahre lang – länger als jeder andere Soldat der deutschen Geschichte – unter vier Königen diente, im familiären Untergebenenton schlicht Papa Wrangel kürzelt.

Die Handschrift der Zeit verrät, daß im Jahr der Revolution ein noch unberühmter Rudolf Virchow seine Stelle als Prorektor an der Berliner Charité verliert, hatte der Mediziner aus Schivelbein als Ursache einer oberschlesischen Typhusepidemie doch ausgerechnet die soziale Lage hungernder Kumpels entdeckt. Nach einer Professur in Würzburg kehrt der Pommer als Leiter des Pathologischen Instituts in die preußische Metropole zurück. Zu Weltruhm führt ihn die Feststellung, wonach die Grundursache aller Lebensvorgänge in der Erregbarkeit der Zellen liegt. Was die Medizin jetzt über viele Krankheitsbilder weiß, ist ohne die Zellularpathologie des Schivelbeiners nicht zu denken.

Doch Virchow, der große Mediziner, ist nur die Hälfte seiner Persönlichkeit. Er wird Mitbegründer der »Deutschen Gesellschaft für Anthropologie, Ethnologie und Urgeschichte«, er bereist mit Schliemann Kleinasien und macht eine Grabungskampagne auf dem Boden Trojas mit. In Berlin engagiert er sich verstärkt auch sozial, die Stadt verdankt ihm die moderne Kanalisation, die Wasserleitungen, das Hygienegesetz. Er ist Mitbegründer der Deutschen Fortschrittspartei im Preußischen Abgeordnetenhaus, begegnet als Reichstagsabgeordneter der deutschen Kolonialpolitik – *»Wo nur sich ein Land findet, das klimatisch unbrauchbar und mit Malaria behaftet ist, da greifen wir zu«* – mit Häme und Spott.

Während es die Politik Bismarcks und seiner Nachfolger ist, die polnische Nationalität in Pommerns Nachbarschaft zu unterdrücken, fordert Virchow als Mann des deutschen Ostens, *»daß auch der preußische Staat die Aufgabe verfolgen muß, daß er einen*

vernünftigen Unterricht in der polnischen Sprache, und zwar in der Ausdehnung den Kindern verschafft, daß sie im Stande sind, den höheren Zwecken, welche etwa die polnische Literatur und die polnische Konversation mit sich bringt, genügen zu können«. Für des Kanzlers Politik gegen die katholische Kirche, deren Rechte Bismarck besonders in Preußens polnischen Gebieten beschneiden will, prägt er das Schlagwort Kulturkampf (auch wenn es bereits bei Goethe zu finden ist).

Virchows Engagement verhindert nicht, daß in Pommerns preußischen Nachbarprovinzen Posen und Westpreußen rund 30000 Polen ausgewiesen werden, um einer »Polonisierung« der deutschen Bevölkerung vorzubeugen. Preußens allgemeine Germanisierungspolitik, ein Schulprozeß und das Gesetz, wonach polnische Güter zu enteignen und mit Deutschen zu besiedeln sind, verschärfen die Polenfrage.

1856 feiert Greifswald in Gegenwart König Friedrich Wilhelms IV. »zur Ehre von ganz Pommern und der angrenzenden Länder« das 400. Jubiläum der Universität. Die Alma Mater Gryhiswaldensis, im Studentenjargon nur Gryps, in Vor- und Nachgeschichte: Mit ihr verbunden sind der Humanist Ulrich von Hutten, die Reformatoren Johannes Bugenhagen und Johannes Knipstro, die Chirurgen August Bier, Ferdinand Sauerbruch und Theodor Billroth, der Historiker Hans Delbrück, der Politiker und Schriftsteller Ernst Moritz Arndt, der Altertumsforscher Friedrich von Hagenow, der Afrikareisende Gustav Nachtigal und jener Joachim Stephani, der den Augsburger Religionsfrieden erstmals mit der Untertanenformel *cuius regio, eius religio* (Wessen das Land, dessen der Glaube) zusammenfaßte. Eines Tages kommt ein Hermann Löns hinzu, jene *Eintagsfliege der Zivilisation,* die über die Hinwendung zu Volk, Heimat und Boden von sich reden macht.

Stolp am Unterlauf der Stolpe: Blick auf Rathaus (1898–1901) und Stephanplatz mit dem Reiterstandbild Wilhelms I. Pommern hat eine Hauptstadt (Stettin), dazu eine heimliche Hauptstadt (Stolp), hin und wieder »das Paris Hinterpommerns« genannt.

Mit Gott für Kaiser und Reich

»Laßt die Preußenfahne fliegen,/ Schwarz und Weiß wird immer siegen.«: Preußen ist neben Österreich die einzige Großmacht, die Anspruch auf die Führung der deutschen Staaten anmelden kann. In einem nach dem Tod Friedrichs VII. von Dänemark entstandenen Konflikt um Schleswig-Holstein kämpfen beide noch einmal Seite an Seite – zeitweise unter dem Oberbefehl Papa Wrangels –, um Schleswig unter preußische, Holstein vorübergehend unter österreichische Verwaltung zu stellen. Nur zwei Jahre später besiegelt der Deutsche Bruderkrieg die Vormachtstellung Preußens. Nach Kämpfen gegen Österreicher und Sachsen bei Orten wie Hühnerwasser und Schweinschädel wird die entscheidende Schlacht bei Königgrätz von Generalfeldmarschall Helmuth Graf von Moltke – *»Was haben Sie für den Fall des Rückzugs beschlossen?«* (Bismarck) ... *»Hier wird nicht zurückgegangen, hier geht es um Preußen«* (Moltke) – mit Hilfe des waffentechnisch überlegenen Zündnadelgewehrs gewonnen. Womit der territoriale Umfang und zukünftige Charakter eines deutschen Nationalstaats entschieden ist.

Zum Krieg mit Frankreich kommt es über die Frage der Neubesetzung des verwaisten spanischen Throns durch einen Prinzen aus dem Hause Hohenzollern-Sigmaringen. Der Traum vom deutschen Nationalstaat, an dessen Verfassungsentwurf Bismarck im exklusiven Residenz- und Badeort Putbus arbeitet, erfüllt sich nach der siegreichen Schlacht von Sedan. Mit der Reichsgründung von 1871 – Wilhelm I. wird auf preußisches Betreiben im Spiegelsaal von Versailles zum Deutschen Kaiser proklamiert – haben die Pommern jetzt ein Vaterland »vom Fels zum Meer«, das Deutschland heißt ... wofür die in Treue festen Stettiner dem Regenten an der Oder ein monumentales Denkmal errichten.

*Klingelmilchwagen der
Stolper Molkerei. Typisch im
täglichen Straßenbild der
Einspänner mit der Klingel
neben dem Kutschersitz,
der Milchprodukte zum Ver-
braucher bringt.*

Gegen Dänemark, Österreich, dann auch gegen Frankreich waren die Pommern, wie nicht anders zu erwarten, dabei. Aus der Ungunst der Zeit heben sich Theodor Billroth, Pfarrersohn aus Bergen, und der Schneidersohn Heinrich Stephan (später von Stephan) aus dem Haus Nr. 30 in der Stolper Holstentorstraße ab. Billroth, als *Napoleon des Operationssaals* unter den bedeutendsten Chirurgen der Zeit, hat am Rande des Schlachtens und der Schlachten seine wertvollen kriegschirurgischen Standardwerke »Briefe aus den Feldlazaretten von Weißenburg und Mannheim 1870« und »Transport Verwundeter und Kranker auf Eisenbahnen« geschrieben, Stephan als Generalpostmeister des Norddeutschen Bundes auf dem Kriegsschauplatz die kostenlose Feldpost zwischen Front und Heimat eingeführt. Den Initiativen des Stolpers folgen Neuerungen wie das offene Postblatt (die Postkarte), Groschenporto, Briefgeheimnis, Postanweisung und Nachnahme, die weltweite Einführung des Fernsprechers und die Einrichtung des Weltpostvereins.

»Hull din Mul un do din Wark,/ Steck di nich in jeden Quark./ Nix as dusend flitig Hänn/ Maken unsrer Not en Enn« (soviel wie: Denke was du willst, tu, was du sollst): Heinrich von Stephan hat sich an seinen Wahlspruch gehalten, was ihm das Reich mit dem Titel Wirklicher Geheimer Rat und dem Prädikat Exzellenz dann auch angemessen dankt.

1890 spuckt die Reichsstatistik die neueste Folge von Zahlen und Fakten aus. Deutschland hat rund 55 Millionen Einwohner; rund 1,52 Millionen davon leben, bei leichtem Frauenüberschuß, in Pommern. Die durchschnittliche Lebenserwartung liegt zwischen 40 und 50; auffallend der Menschenschlag des Blauen Ländchens um Lauenburg, der älter als der Reichsdurchschnitt wird. 1476300 Pommern sind evangelisch, 27476 katholisch, 4788 »sonstige Christen«, 12246 »Israeliten«. Pommern hat eine Hauptstadt (Stettin) und eine heimliche Hauptstadt (für Hinterpommern, Stolp), 71 kleine, meist enge Landstädte, 2109 Landgemeinden und 2516 Gutsbezirke.

Für den, der sich dafür interessiert, sind im Jahr zuvor 8382 Personen nach

*Seite 74: St. Marien in Stolp
(14. Jhdt.). Die Innenein-
richtung war dem Bilder-
sturm im Zuge der Reformation zum Opfer gefallen,
1945 leidet der gewaltige
spätgotische Backsteinbau
mit der barocken Spitze
unter Kriegseinwirkungen.*

Bütow: das Ordensschloß. 1329 vom Deutschen Ritterorden erworben, seit 1346 mit kulmischem Recht, überschreibt Polenkönig Jagiello Herzog Wartislaw VIII. von Pommern-Wolgast Bütow für seine Waffenhilfe in der Tannenberger Schlacht.

Übersee ausgewandert, haben 247 Selbstmorde, 10910 Verbrechen und Vergehen verübt. In der Provinz (Fläche: 30110 qkm) kommen 51 Personen auf einen Quadratkilometer, damit zwei weniger als in Ostpreußen. Pommerns 317 Brauereien stoßen 658304 Hektoliter Bier aus. Die Volksbildung ist gut, von den im Ersatzjahr 1889/90 eingezogenen 6107 Rekruten haben sich lediglich 13 als rechte Analphabeten erwiesen. Mit Kolberg, Swinemünde und Stralsund hat die Provinz für kommende Abenteuer drei Festungen bzw. Küstenbefestigungen, eine Kriegsschule in Anklam und eine Kadettenanstalt in Köslin. Militärisch zuständig für Pommern und den Regierungsbezirk Bromberg ist das Generalkommando des 2. Armeekorps in Stettin.

Pommern ist Deutschlands wichtigstes landwirtschaftliches Überschußgebiet, von Schweinezucht, Weizen, Rog-

gen oder Runkelrüben profitieren besonders Berliner, Brandenburger und das Ruhrgebiet. Das Land der Kartoffel – prominent die Sorten »Friedrich Wilhelm«, »Erdgold« und »Ackersegen« – ist Kartoffelland geblieben. Die Entdeckung des Verfahrens, nach dem aus der Knolle Schnaps zu brennen ist, hat die Sprit-Industrie befeuert, die zweite Hälfte des Jahrhunderts zu einer neuen Hoch-Zeit ostelbischer Junker gemacht. Brennen macht Freude, besonders dann, wenn es zum berühmtberüchtigten Endprodukt Preußenschnaps führt.

Pommerns Wappentier ist der Fabelvogel Greif, ein Doppeltier aus Löwe und Adler, Pommerns Hausvogel die Gans. Obwohl auch im übrigen Deutschland bevorzugtes Federvieh, kommt praktisch nur der pommerschen Gans Weltruf zu. Und Pommern reicht weiter: Lachsforellen, wenn sie im Krummen Wasser, einem Nebenfluß der Persante gefangen wurden, Oderkrebse, tatsächlich die edelsten Krebse der Welt, Saatkrähen oder Brattäubchen gehören in den Bereich der Schlemmerei. Genau wie die hier aufgelesenen Möwen- und Kiebitzeier, die ein Fürst Bismarck mit so großem Genuß verzehrte.

Die meisten Pommern finden Beschäftigung in Ackerbau, Viehzucht und Forstwirtschaft, in Küstengebieten in der Fischerei. Pommerns Fischern gehen in Ostsee, Haff und Boddengewässern Heringe, Dorsche, Flundern, Aale, Plötzen, Barsche, Brasse, Horn-, Plattfische oder Makrelen (hin und wieder auch ein *Saalhund)* in Netze, Körbe und Reusen. Bekanntester Fisch ist der Hering, wertvollster der Lachs. Fisch dann und immer wieder Fisch: fangfrisch, gekocht und gebraten, geräuchert und gedünstet wie er für maritim ausgerichtete Pommern generell, für den in Mode kommenden Tourismus zum bedeutenden Faktor wird. Die Industrie konzentriert sich auf den Regierungsbezirk Stettin. Was Land und Leuten fehlt, sind Bodenschätze und Energiequellen, was hemmt, ist die geringe Bevölkerungsdichte. Wandern Pommern schon immer gerne nach Berlin, Brandenburg oder Sachsen ab, ziehen sie jetzt, vom Pulsschlag von Kohle und Stahl angezogen, verstärkt auch ins Ruhrgebiet des Gründer-Booms. Es ist Preußens Wilder Westen, der im beschaulichen Osten zur Landflucht animiert. Neben Westpreußen (später auch Posen) hat das Küstengebiet den höchsten Bevölkerungsverlust, was den Neustamm der Pommern zum Stamm ohne Grenzen macht. Bereits 1907 lebt jeder vierte Pommer fern der Heimat, alleine in Berlin werden 127000 gezählt, wie es dem zusammenaddierten Stadtvolk von Greifswald, Stargard und Stralsund entspricht.

Als Resteuropa im 19. Jahrhundert die Nationalitätenfrage diskutiert, bleibt Pommern davon unberührt. Nach jahrhundertelanger Zugehörigkeit zum deutschen Kulturgebiet, dann der Einbindung im kleindeutsch-preußischen Reich, fehlt dem Land die

nationale Minderheit. Das schwebende Volkstum der Kaschuben in den Kreisen Stolp, Lauenburg und Bütow ist ohne größere Bedeutung, dazu von jener unsicheren Identität, wie sie deutschem Selbstbewußtsein und slawischen Traditionen erwächst: »*So isses nu mal mit de Kaschuben ... weil unserains nich richtich polnisch is und nich richtich deitsch jenug, und wenn man Kaschub is, das raicht weder de Deitschen noch de Pollacken. De wollen es immer jenau haben*« (Günter Grass, »Die Blechtrommel«). 1945 ist die Gegend um den Garder- und Leba-See das letzte Sprachgebiet der Kaschuben, gelten Schmolzin und Klucken als Pommerns letzte slawische Dörfer.

Von Statistik und großer Politik ungestört, arbeitet der Anklamer Tuchhändlersohn Otto Lilienthal zusammen mit Bruder Gustav am Nachvollzug des Vogelflugs mit menschentragenden Flugapparaten, um dem Homo sapiens das Fliegen beizubringen. Erste Luftsprünge gegen den Wind führen zu

Blick auf Lauenburg. Eine Gründung des Deutschen Ritterordens, wechselt die Stadt nach dem Niedergang des Ordensstaats mehrmals den Besitzer, bevor sie 1777 zu Pommern kommt. Aus Lauenburg stammt Paul Nipkow, der Pionier des Fernsehwesens.

Knochenbrüchen und Verstauchungen, als »der Flug« in Derwitz, einem märkischen Dorf bei Potsdam gelingt, liegen zwischen Start und Landung bereits 25 m. Dem Rekordflug in den Rhinower Bergen – ein Apparat steigt 80 m hoch, fliegt 250 m weit – folgen Experimente im Schwingenflügler, Ein- und Doppeldecker. Otto Lilienthal kommt dem *Fliegen wie ein Vogel* schon erheblich nah, als er mit dem Normalsegelapparat Gleiter Nr. 7 am Gollenberg bei Stölln zu Tode stürzt. Die Gebrüder Wright, denen 1903 der erste Geradeausflug, 1904 die erste Kurve gelingt, vollenden seine Pläne. Bereits im Ersten Weltkrieg fliegen Flugzeuge als Kampfmittel gegen den Feind ...

Um die Jahrhundertwende ist Deutschland führende Industrienation. Es hält Europas Gleichgewicht, nutzt die Vermittlerrolle zwischen Ost und West. Doch das gewaltige Industriepotential, der rasante Bevölkerungszuwachs und die ungeschickte Machtpolitik des letzten deutschen Kaisers, bei dessen Auftritten Theodor Fontane jeweils himmelangst wird, haben das Ausland alarmiert. In Fontane, der für seine zitatenversessene Zeit das geflügelte Wort *etwas ist faul im Staate Preußen* prägt, sehen Pommern so etwas wie einen halben Landsmann. Hatte der Romancier – »*Ja Swinemünde war herrlich*« – doch in der Nordostecke Usedoms gelebt, wo sein Vater eine Apotheke besaß.

Pommern – Deutsche – Europäer

»*Polen soll und muß besteh'n! Papst und Gott versprechen's mir./ Rußland, Preussen muß vergeh'n. Heil dem polnischen Panier!*«: Nach Ausbruch des in kaiserlicher Propaganda verheißenen frisch-fröhlichen Krieges – »*Weltpolitik als Aufgabe, Weltmacht als Ziel, hurra, hurra, hurra*« – dringen die Russen ins Preußenland vor, das eine echte Sicherungslinie erst an der Weichsel hat. Hier ordnen sich die Ereignisse ein, mit denen der polnische Staat neu entsteht. Im November 1916 proklamieren Deutschland und Österreich in der Hoffnung, einen Verbündeten zu gewinnen, das polnische Königreich. Noch bevor der Zusammenschluß eines freien Polens mit den Mittelmächten gültig geklärt werden kann, geben Vertreter der polnischen Emigration mit territorialen Ansprüchen auch auf deutsches Gebiet den Warnschuß ab.

Im April 1917 macht sich Wladimir Iljitsch Uljanow, seit seiner sibirischen Gefangenschaft Lenin genannt, im plombierten Waggon, die Weltrevolution vor Augen, auf die vom Kaiserreich mitfinanzierte Reise ins hochgefährdete Zarenreich. Das Drehbuch für den Showdown hat den Umweg über Schweden vorgeschrieben. Saßnitz, das Weltbad auf dem Hochufer der Halbinsel Jasmund, wird Zwischenstation, als der bolschewistische Revolutionär dort die Fähre nach Trelleborg verpaßt. Der Reisewaggon, in dessen Abteil Nr. 7 Lenin mit Perücke und ohne Bart geses-

Das Strandschloß (Kurhaus) von Leba im Kreis Lauenburg. Kurz vor Kriegsbeginn wird in den Dünen vor Leba der Film »Der Schritt vom Wege« nach Theodor Fontanes Effi Briest gedreht. In den Hauptrollen spielen Elisabeth Flickenschild, Marianne Hoppe und Karl Ludwig Diehl, Regie führt Gustav Gründgens.

sen hatte, würde je nach politischem Willen in Zukunft vor dem Saßnitzer Bahnhof als ein Stück Zeitgeschichte ausgestellt oder auch nicht.

1918 geht Hindenburg mit seiner angeschlagenen Heeresmacht »*aufrecht und stolz aus dem Kampfe, den wir gegen eine Welt von Feinden bestanden haben*«. Die Männer hatten an der Front gekämpft, der Krieg ideelle und materielle Opfer gefordert, das eigentliche Kampfgeschehen sich jedoch außerhalb Pommerns abgespielt. Bei Kriegsende sind die drei Monarchien, die Polens Teilungsmächte waren, politisch wie militärisch am Ende, die Politiker am Neubeginn. Wilhelm II. wird zur Abdankung gezwungen, Deutschland Republik. Mit dem von den Siegermächten diktierten Versailler Vertrag verliert *Luther im deutschen Norden einen Krieg* (Papst Benedikt XV.), Deutschland, das als »Urheber [des Krieges] für alle Verluste und Schäden verantwortlich ist« in diesem Teil der

Welt fast ganz Westpreußen, das Kumerland, den größten Teil Posens und Teile von Ostpreußen und Hinterpommern an den wiedererstandenen polnischen Staat. Danzig kommt mit kleinem Hinterland als Freistaat unter Aufsicht des Völkerbunds, womit Ostpreußen, das Land zwischen Weichsel und Memel, räumlich erneut vom Restreich abgeschnürt ist. Zwischen Hinterpommern und Deutschlands fernen Osten hat sich der Polnische Korridor zur Ostsee geschoben.

Aus den westlich der »blutenden Grenze« liegenden Teilen der früheren Provinzen Posen und Westpreußen bildet der preußische Staat die Provinz Grenzmark Posen-Westpreußen, die – alles andere als ein geographisch geschlossener Raum – schnell zum wirtschaftlichen Notstandsgebiet wird. Polnische Namen hat sich der deutsche Siedler wie im Trzcianka/Schönlanke oder Wschowa/Fraustadt mundgerecht gemacht, doch die Grenzmärker sind

Schlochau mit Bergfried und evangelischer Kirche. 1312 kauft der Deutsche Orden das Land Schlochau, um auf dem Schloßberg eine der größten Festungsanlagen des Ordenslandes zu errichten. Nachdem Burg und Vorwerke eines Tages Stein für Stein abgetragen sind, wird auf den Grundmauern der alten Schloßkirche ein evangelisches Gotteshaus gebaut.

Der Marktplatz von Schneide-mühl. Nach Versailles von wichtigen Märkten abgeschnit-ten, wird die Provinzhaupt-stadt der Grenzmark Posen-Westpreußen 1938 pommersche Bezirkshauptstadt.

zum Teil Slawen, besonders im Kreis Flatow, wo eine »Germanisierung« nie so recht gelungen ist. Einziges größeres Zentrum ist die hart an der Reichgren-ze liegende Hauptstadt Schneidemühl, in deren rein landwirtschaftlichem Umland ein paar Landstädte und örtli-che Märkte liegen.

Zwischen den Kriegen werden Güter aufgeteilt, neue Siedlerstellen geschaf-fen. Mit der Auflösung der kurzlebigen Grenzmark durch eine Reichsreform geht Pommerns Sonne am frühen Morgen dann schon über Schönlanke, Schneidemühl und Flatow auf. Zum klassischen Land der Junker zählen jetzt klassische Ländereien des preußi-schen Beamtentums, der preußisch-strengen Kastenordnung. War es etwa im landwirtschaftlich und handwerk-lich geprägten Posen bisher doch so: Der Rittergutsbesitzer mied den Um-gang mit dem Gutsbesitzer, der Gutsbe-sitzer setzte sich vom Bauern ab, der Bauer vom Arbeiter, und der Bürger in

der Stadt sah es als besondere Ehre an, wenn er mit dem seinem Besitzstand entsprechenden Rang der Beamten-klasse verkehren durfte. Die Posener galten als praktisch und pflichtbewußt, nüchtern, rauh und hart, arbeitsam, katholisch und »amtlich kühl«, vermie-ten mit scheuer Zurückhaltung alles, was auffallen konnte. Außenstehende verglichen sie gerne mit den dunklen Waldseen ihres Landes ... eine sinnige Parallele, wenn auch etwas unbalan-ciert, da die Menschen dort weniger poetisch als prosaisch waren.

Ausgerechnet die so bestimmenden Beamten, die dem Deutschtum die Ei-genart aufdrückten, kamen in der Regel von außerhalb der Provinz, fühlten sich im »Preußen königlich polnischen An-teils« wie Verbannte. Sie faßten keine Wurzeln, blieben vielmehr von dem Wunsch beseelt, so schnell wie möglich wieder aus dem »Exil« in die Heimat entlassen zu werden. Es half nichts, daß die Regierung mit Ostmarkenzulagen lockte. Der Beamte wollte fort, war aufgrund seiner Stellung dann auch rundherum Vorbild, wenn es ums Abwandern ging. So kam es wie es einfach kommen mußte: Polnische Wanderarbeiter kamen, weil Deutsche fortzogen, Deutsche zogen fort, weil Fremde einwanderten. Dem Posener Deutschtum ging dadurch »die Liebe des eingeborenen Sohnes« verloren, jener praktischklare Sinn, der Menschen mit ihrer Scholle verbindet ...

1931 erscheint mit »Bauern, Bonzen und Bomben« der erste Roman Hans Falladas. Der Greifswalder hatte sich über den Nachtwächter, Kartoffelzüchter zum Journalisten, vom Verlagslektor zum Schriftsteller hochgearbeitet. Jetzt beschreibt er mit genialer Beobachtungsgabe das Schicksal des Kleinbürgers und die drückende Not der Ausgestoßenen in von Krisen geschüttelter Zeit. Charaktere, die wie in »Wer einmal aus dem Blechnapf frißt« an Spannungen und Widersprüchen der Weimarer Republik zerbrechen müssen.

Preußens Osten hat an Bedeutung gewonnen. Weniger als landwirtschaftliches Erzeugungsgebiet, machen Kanonen doch mächtig, Kartoffeln, Butter oder Korn nur fett. Dafür wird die Landschaft zum *großen Sturmabwehrgebiet gegen die immer deutlicher werdende Möglichkeit slawischer biopolitischer Westexpansion.* Gerade Pommern, das Deutschland während des Krieges mit überlebenswichtigen Agrarprodukten versorgte, steht zur Abwehr bereit. 1925 geben dort 98 Prozent der Bevölkerung Deutsch als Muttersprache an, 1932 stimmen ganze 0,04 Prozent für die polnische Liste. Noch einmal einigen sich Reich und Polen auf einen Nichtangriffspakt, kommt es zur Deutsch-Polnischen Erklärung über die Behandlung der Minderheiten, die zur fortschreitenden Festigung des gutnachbarschaftlichen Verhältnisses ein harmonisches Zusammenleben von Minoritäten mit dem Staatsvolk verspricht.

Für kommende Operationen, ausgelöst durch die Danzig/Korridor-Frage, liegt Pommern im Wehrkreis II (Stettin). Das Heer unterhält Garnisonen in Greifswald, Köslin, Stolp, Kolberg, Stralsund und Stettin. Marinestützpunkte sind in Swinemünde, Stralsund und Saßnitz eingerichtet, die Luftwaffe hat Standorte in Stolp, Stettin, Schneidemühl, in Barth und auf Rügen. In den Kreisen Schlochau und Neustettin, bei Groß-Born, Hammerstein und Arnswalde übt die Truppe, die Heeresschulen in Treptow/Rega und Greifenberg unterhält. In Crössingsee ist 1936 ein nationalsozialistisches Schulungszentrum eröffnet worden, das Theater von Putbus, der weißen Stadt auf Rügen, dient als Nationalpolitische Erziehungsanstalt. Zwischen Karlshagen und Peenemünde arbeitet eine Waffenschmiede und Versuchsstation des Heeres an Raketen und ferngelenkten Waffen. In der Abgeschiedenheit des Nordwestzipfels der Insel Usedom versucht sich ein noch recht unbekannter Werner von Braun unter militärischer Führung von Wal-

Zugbrücke in Usch, südlich von Schneidemühl. Die Grenzziehung nach Versailles macht Usch am Einfluß der Küddow in die Netze zum Grenzort. Symbolisch dafür steht die alte Zugbrücke, die von polnischer Seite allabendlich hochgezogen wird.

ter Dornberger an den Triebwerken der Wunder- und Vergeltungswaffen V–1 und V–2.

Im Oktober 1938, noch einmal im März 1939, fordert Berlin die sofortige Rückkehr *des alten deutschen Kulturbodens* Danzig in den Verband des Deutschen Reiches, dazu eine exterritoriale Auto- und Eisenbahn durch den Korridor. Im Juni 1939 fällt der in Warschau vorgesehene Amateurbox-Länderkampf Deutschland gegen Polen aus. In offizieller Begründung heißt es dazu, daß die deutschen Spitzenkönner zur Zeit zum größten Teil ihre Dienstpflicht bei der Wehrmacht ableisten müßten. Im August kommt es zum Zusatzprotokoll des Hitler-Stalin-Pakts, in dem, wer will, die vierte polnische Teilung sehen kann: »*Die Frage, ob die beiderseitigen Interessen die Erhaltung eines polnischen Staates erwünscht erscheinen lassen und wie dieser Staat abzugrenzen wäre, kann endgültig erst im Laufe der weiteren politischen Entwicklung geklärt werden*«! Am Morgen des 1. September 1939 lassen Breitseiten aus den Geschützen des Kadetten-Schulschiffs »Schleswig-Holstein« *die deutschen Waffen vor Danzig sprechen.* Im Visier liegen Armeeeinheiten in der polnischen Enklave Westerplatte, einst beliebtestes Seebad der Danziger. Gleichzeitig treten die Heeresgruppen Nord und Süd von Ostpreußen und Schlesien her zum Angriff an.

Mit schnellen Niederlagen seiner Armeen, die so tief in die Geschichte reichende Namen wie Posen, Pommerellen und Preußen tragen, wird Polen noch einmal zerschlagen. Der Bromberger »Blutsonntag«, dem rund 7000 Volksdeutsche zum Opfer fallen, dient der Propaganda zur Motivierung einer harten Polenpolitik. Als der Krieg im Spätherbst 1941 zum Weltkrieg wird, alliierte Luftangriffe in gefährdeten Gebieten ganze Schulklassen »aufs Land« schicken, bietet sich Hinterpommern als Luftschutzkeller des Reiches an.

Pommern bleibt vom Luftkrieg nicht verschont. Der Anflug von 596 RAF-Maschinen auf die Heeresversuchsstation Peenemünde kostet 735 Menschen das Leben (die Serienproduktion wird in den Harz verlegt). Über Stettin lädt die RAF 1341 Tonnen Brand- und Sprengbomben ab, denen so prominente Bauten des Stadtbilds wie das Schloß zum Opfer fallen. Die historisch wertvolle Altstadt Stralsunds wird zerstört. Ein Anflug auf Swinemünde an der Pommerschen Bucht – die US Air Force wirft 1435 Tonnen Bomben über dem Flüchtlingshafen ab – fordert rund 25000 Todesopfer. Noch im März 1945 fliegen feindliche Flugzeuge Stargard an. Die Hansestadt an der Ihna, die mit St. Marien Pommerns größte Backsteinkirche als Wahrzeichen pflegt, wird zu 70 Prozent verwüstet.

Die letzten Kriegsmonate machen Pommern zum Brückenkopf für Millionen von Flüchtlingen, die mit Hilfe der Kriegs- und Handelsmarine über die Ostsee oder mit Wagentrecks und Reichsbahn den Weg nach Westen suchen. Ostpreußen, Westpreußen, Danziger, Pommern, Greise, Frauen, Kinder und Verwundete in Rügenwalde, Stolpmünde, Stettin, Saßnitz und immer wieder Swinemünde, nachdem der Fluchtweg über Land verbaut worden ist. Die Flucht über die Ostsee, das größte Rettungswerk der maritimen Geschichte, löst die größte Katastrophe der Seefahrt aus: Vor Stolpmünde auf Höhe Stolperbank wird die überfrachtete »Wilhelm Gustloff« in eiskalter Januarnacht von drei Torpedos des russischen U-Boots S-13 getroffen. Der ehemalige »Kraft durch Freude«-Dampfer nimmt rund 9000 Menschen mit in die Tiefe. Vor Pommerns Küste sinken die »General von Steuben«, die »Andros«, die »Karlsruhe« und die »Goya«.

Im Januar gelingt den Sowjets bei Hochzeit im neumärkischen Kreis Arnswalde der Einbruch in die Pommernstellung des Ostwalls. Im Februar werden Angriffskeile über Stargard zum Stettiner Haff und nach Köslin getrieben. Aus dem noch deutschen Kolberg können 68000 Bewohner, 1200

Verwundete und 5200 Soldaten evakuiert werden, bevor es nach 14-tägiger Einschließung durch polnische und sowjetische Verbände erobert wird. Im März erreichen Panzerspitzen die Odermündung, am 26. April 1945 stürmt die 2. sowjetische Stoßarmee unter Generaloberst Fedjuninski die alte Pommernfeste Stettin.

Während des Sturms auf das Reich geht der Domschatz von Cammin verloren. Darunter der legendäre, nordisch-heidnische Cordulaschrein aus Elchschaufelplatten, in dem nach der Legende die Gebeine der heiligen Cordula aufbewahrt waren. Der berühmte Croy-Teppich, von Philipp I. von Pommern-Wolgast als »Teppich mit den Sächsischen und Pommerischen Herren, auch Lutheri und anderer Gelahrten Conterfey« beim niederländischen Peter Heym in Auftrag gegeben, ist ausgelagert.

Nicht ohne Ironie wird beinahe zeitgleich mit dem sowjetischen Einbruch in die Pommernstellung in einem U-Boot-Hafen der eingeschlossenen Atlantikfestung La Rochelle der mit großem Aufwand an Menschen und Material gedrehte Duchhaltefilm »Kolberg« uraufgeführt. Der auf Wunsch und unter Mitarbeit von Propagandaminister Goebbels gedrehte Ufa-Streifen, mit Kristina Söderbaum (als Maria), Heinrich George (Nettelbeck), Gustav Diessl (Schill) und Horst Caspar (Gneisenau) in führenden Rollen, erhält die Prädikate »Der größte Film aller Zeiten« und »Film der Nation«. Pflichterfüllung, Schicksalsergebenheit, Ruhe als des Preußen erste Bürgerpflicht, doch die heldenhafte Verteidigung der Ostseefestung gegen Napoleon und Überblendungen in den Befreiungskrieg von 1813 eignen sich nicht mehr, um Deutschen Hoffnung auf den versprochenen Endsieg zu machen.

Das Kriegsende, die totalste aller Niederlagen, unterstellt Hinterpommern mit Stettin und dessen nördlichem wie westlichem Hinterland, der Insel Wollin und dem Ostteil von Usedom der vorläufigen polnischen Verwaltung. Vorpommern wächst in der sowjetischen Besatzungszone kurzfristig zum Bindestrichland Mecklenburg-Vorpommern zusammen, um – nach Streichung aus der Landesbe-

Grenzstein an der Küddow bei Königsblick in der Nähe von Schneidemühl. Europas vielgerühmtes Zeitalter der Demokratie beginnt recht mißverständlich, mißverständlich sollte es bleiben.

Filehne im Netzebruch. Nachdem das Versailler Diktat die Strommitte der Netze als Grenze zwischen Deutschland und Polen bestimmte, geht am 18. Januar 1920 Schlag 9 Uhr der Schlagbaum an Filehnes Nordbrücke herunter. Bis 1939 bleibt die Stadt geteilt.

zeichnung – in den Verwaltungsbezirken Rostock, Neubrandenburg und Frankfurt/Oder als Ostmecklenburg aufzugehen. Während die endgültige Lösung von Territorialfragen einer Friedensregelung vorbehalten bleibt, läßt sich das Bierut-Regime die Teilung Pommerns durch Volksabstimmung bestätigen, erkennt Ostberlin die Oder-Neiße-Grenze als internationale, unantastbare Friedens- und Freundschaftsgrenze an.

In Pommern östlich der Oder hatten bei Kriegsbeginn 1,8 Millionen Deutsche gelebt. Nach Fluchtbewegungen waren 1945 rund eine Million zurückgeblieben. Ihre Zahl ist 1950 auf knapp 50000 zusammengestrichen. Der Rest gilt in polnischer Sicht »in ordnungsgemäßer und humaner Weise« ausgesiedelt, das Schicksal von 375000 Ostpommern in nüchternen Worten als Flucht- und Vertreibungsverlust. Für sie rücken in Insko (Nörenberg), Miroslawiec (Märkisch-Friedland) oder Drwano (Neuwedell), Szczecinek (Neu-

stettin), Kolobrzeg (Kolberg) oder Koszalin (Köslin) »wilde Siedler« aus den angrenzenden Woiwodschaften und aus Zentralpolen nach. Mit ihnen kommen, so entwurzelt wie die vertriebenen Deutschen, Polen aus ehemaligen polnischen Ostprovinzen, die dem Staatsgebiet der UdSSR eingegliedert sind, ins »wiedererlangte« Gebiet. Dort werden sie planwirtschaftlichen Zwecken zugeführt.

Jahrhunderte werden verdrängt und bleiben doch Geschichte: 1965 erklärt Kardinal Wyszynski, Primas der katholischen Kirche in Polen, das Ziel der Gegenreformation durch die Zerschlagung des Deutschen Reiches und Vernichtung des preußischen Staates für erreicht. 1950 mahnt die Charta der deutschen Heimatvertriebenen: *»Heimatlose sind Fremdlinge auf dieser Erde. Gott hat die Menschen in ihre Heimat hineingestellt. Den Menschen mit Zwang von seiner Heimat trennen, bedeutet, ihn im Geiste töten«*. 1973 folgt das Pommern-Manifest: *»Wir Pommern wollen* eine Zukunft Europas, die Grenzen durch Freiheit überwindet; dazu wollen wir uns untereinander, miteinander und füreinander verbinden, Pommern – Deutsche – Europäer.«

Das Leben geht weiter, Geschichte legt keine Pausen ein: Die Öffnung der Mauer, die Deutschland wieder etwas »preußischer« macht, bringt Vorpommern in die Atlanten zurück (typisch deutsche Landkarten hatten es dort ohnehin belassen). Womit rund 45 Jahre nach Kriegsende der Ruf nach vorpommerscher Identität, pommerschem Wir-Gefühl restauriert, der Ostmecklenburger wieder Pommer ist. Über Ost- oder Hinterpommern, das Land östlich der Oder, aber auch Stettin, Swinemünde, Pölitz oder Ziegenort, bleibt aufgrund entstandener Realitäten das polnische Pomorze stehen. Deutschland hat für den schwierigen Weg der Versöhnung akzeptiert, daß die Oder mit einer imaginären Linie im seichten Mündungsbusen des Haffs und die Lausitzer Neiße Polens »natürliche Sicherheitslinie« bilden.

Stitin, Stettin, Szczecin – die Mutter aller Pommernstädte

Jahrhunderte sollten mit Lob nicht sparen, die Zahl der Bewunderer blieb groß: Als die alten, verkehrspolitisch noch unerfahrenen Wenden gleich nach der Völkerwanderung das Fischer- und Handwerkerdorf *Stitin* auf der Westseite der Oder anlegten, dazu eine Burg mit Palisadenwall, haben sie die Gunst der Lage recht praktisch genutzt. Rund 70 Kilometer vor der Ostsee fließt die Untere Oder nur träge, sind Fluß und Nebenarme leicht zu überqueren. Der Platz hatte den direkten Zugang zur See, war zwischen Sumpfniederung und natürlicher Erhebung mit dem Erd- und Pallisadenwall zu schützen.

Um das Jahr 1100 dann über ältere Kulturen hinausgewachsen, ist Stettin zwischen Tryglaw-Hügel und Oder ein

Stettin: Blick von der Bahnhofsbrücke. Mit der Schaffung Groß-Stettins wird die Pommernmetropole 1939 zur flächenmäßig drittgrößten deutschen Stadt nach Berlin und Hamburg.

Aus der Werbung des Stettiner Hermann Peters Verlags.

Franz Kugler (1808–58). Sohn eines Kaufmanns und Stadtrats bringt es Kugler als Kunstdozent, -kritiker und Dichter zu großer Popularität. Für die Saaleregion schreibt der Stettiner mit »An der Saale hellem Strande« das bekannteste Lied.

festgefügter, hin und wieder hart umkämpfter Hafen- und Handelsplatz. Ins Blickfeld der Geschichte rückt die Wendensiedlung, als sie nach der bösen Niederlage heidnischer Slawen beim Deutschendorf Villa Teutonicorum, dem späteren Hohenkrug, vom bereits christianisierten Polenherzog Boleslaw III. »der Schiefmund« erobert wird. Zeitgenossen erinnern daran, daß die Kampfhandlungen Stettin, aber auch Vadam (Altdamm) derart mit Kriegsschutt und Leichen übersäten, *»daß der Wanderer nur mit Grausen vorübergeht«.*

Drei Jahre später stimmt Pommernherzog Wartislaw I. »der Bekenner« der Einführung des Christentums zu. Von Polen gerufen, vom Pommernherzog gedeckt, kommt Bischof Otto von Bamberg mit einem Gefolge fränkischer Mönche, Geistlicher und Laien ins Küstenland. An der Oder zieht er gegen den Glauben der Ungläubigen ins Feld, darunter jener Brauch, unerwünschte Töchter gleich nach der Geburt zu töten. Übermäßige Eile, auf Neuerungen wie einen deutschen Gott einzugehen, zeigt die *»älteste und edelste Stadt, die Mutter der Städte im Pommernlande«* allerdings nicht, woraus geschlossen werden kann, daß sich der fromme Otto bereits zu diesem Zeitpunkt unter Pommern befand. Der missionarische Erfolg setzt so auch erst ein, als der Polenfürst den Stettinern fürs Christsein den Nachlaß jährlicher Tributzahlungen verspricht. Erst jetzt beginnen die Franken mit dem Bau einer Kirche. Vertrautes dann in der Fremde, wahrscheinlich an jener Stelle, wo später die spätgotische Kirche St. Peter und Paul errichtet wird.

In einer Seuche, die die Siedlung nach Ottos Abschied überfällt, erkennen die Pommern die strafende Hand wendischer Götter, was sich durch die Rückkehr zu heidnischen Praktiken ändern läßt. Um Schlimmeres zu verhindern, kehrt der Pommernapostel nach Stettin zurück, wo er die Bevölkerung wieder bekehrt. Auf Ottos Spur folgen deutsche

Ritter, Geistliche, Kauf- und Seeleute, Handwerker und Bauern, die sich neben den eingeborenen Stettinern in der Unter- und Oberstadt um die Burg niederlassen. 1187 beginnen sie dort auf Initiative des aus Bamberg zugewanderten Kaufmanns Jakob Beringer mit dem Bau einer Kirche, die sie St. Jakobi, dem Schutzpatron aller Fremden, weihen. Etwa um die gleiche Zeit – Pommern war den Dänen in der Seeschlacht im Greifswalder Bodden unterlegen, damit untertan – verstärkt Knut VI. von Dänemark die Stettiner Burg. Im 13. Jahrhundert belegen Franziskaner, Zisterzienser und Karmeliten Klöster im Umland, dazu jene Wilhelmiten, die ihre Gotteshäuser als Paradies bezeichnen.

Stettin: Blick von den Getreidespeichern auf Stadt und Hafenlandschaft. Im Vordergrund Werftanlagen und Schwimmdock der Stettiner Oderwerke.

Der breit, schwer und grau fließende Fluß bleibt die große Lebensader, die von Oder, Dunzig, Parnitz und dem Grünen Graben umflossene Lastadie wird bereits jetzt als Ladeplatz lokaler Kaufleute genutzt. Die Siedlungen der Wenden und Deutschen wachsen zusammen, auch wenn sich die einen zu St. Peter und Paul, die anderen zu St. Jakobi zum Gebet treffen. Anno 1237 erlaubt Herzog Barnim I. dem deutschen Bevölkerungsteil die Gerichtsbarkeit über den Platz, 1254 wird am Heumarkt der Unterstadt mit dem Bau des Alten Rathauses begonnen, erstes Zeugnis – »denn wi kän'n dat joa« – eines stolzen, selbstbewußten Bürgertums.

So gerüstet tritt das stolze Stettin – im Fadenkreuz der Kulturgeographie, von einer Mauer, je vier Land- und Wassertoren geschützt, um eine Burg postiert, an einem Fluß gelagert – der Städtehanse bei. Die Rolle eines Zentrums der See- und Binnenschiffahrt, der Handel mit Getreide, Holz, Salz und Fisch, bringt der Stadt einigen Wohlstand, ein in kostspielige Erbstreitigkeiten verwickeltes Herrscherhaus sorgt dafür, daß dieser nicht zu üppig wird. Dazu kommen Fehden im Familienkreis, wie unter Verwandten üblich, was dazu führt, daß die Gollnower den flußauf liegenden Stargardern die Ihna sperren, wütende Stettiner – den Greif im Wappen, wie knapp 40 andere Pommernstädte auch – der Hansestadt Gollnow die Ihna-Odermündung vernageln oder aufgebrachte Stargarder Stettiner Zolltürme stürmen, um hier nur drei Beispiele zu nennen.

Mitte des 14. Jahrhunderts entsteht über dem alten wendischen Burgwall das gemauerte Haus, zu dem Barnim III. »der Kirchenstifter« die Ottokirche stellt. Bogislaw X. »der Große« aber Zügellose, hängt Barnims Steinhaus einen Südflügel mit Uhr- und Fangenturm an, in Zukunft schlicht das Große Haus genannt. Optische Darstellung der Macht der pommerschen Herrscher (unter Bogislaw ist Westpommern erstmals vereinigt) und der Kaufkraft der Bürger ist es dann das Greifenschloß auf hohem Oderufer, das immer wieder an-, um- und ausgebaut Stettins Stadtgeschichte bis in unser Jahrhundert am besten dokumentiert. 1450 wird am gotischen Rathaus gebaut.

Die Reformation, als deutlichste Abkehr von mittelalterlichen Lebensord-

nungen, hat erhebliche Folgen auch für die Stadt am großen Strom. Stettin nimmt die neue Lehre ab 1522 an. Viel einfacher als dem katholischen Otto von Bamberg wird es dem entlaufenen Franziskaner Johannes Knipstro oder dem von Luther entsandten Magister Paul von Rode allerdings nicht gemacht: Solange man sie daran hindern kann, eine Kanzel zu besteigen, müssen beide unter freiem Himmel predigen.

In das Jahrhundert fällt der Konkurs des Stettiner Handelshauses Loitz, das im hanseatisch/niederdeutschen Wirtschaftsraum eine ähnliche Rolle spielt wie die Handelsdynastie der Fugger im deutschen Süden. Als Fisch-, Holz- und Getreidehändler dann dank des enorm lukrativen Monopols im Salzhandel so groß geworden, daß es die Herzöge mitfinanziert, unterhält Loitz Geschäftsinteressen in ganz Europa. Die Stettiner pumpen nie, sondern pumpen anderen, bis eines Tages Rückzahlungen von Fürstenanleihen ausblei-

Der Stettiner Hafen mit den Regierungsgebäuden der Hakenterrasse. Das auf dem früheren Gelände des Forts Leopold angelegte Prestigeobjekt des Bürgermeisters Dr. Haken ist das Aushängeschild der Stadt.

ben. Das weitverzweigte Unternehmen muß den Bankrott anmelden, der ganz Pommern in eine Wirtschaftskrise stürzt. Stettin droht der finanzielle Ruin, was Johann Friedrich nicht davon abhält, das Schloß zur großen Renaissanceresidenz auszubauen. Barnims Steinhaus und Ottokirche werden abgerissen.

Im Dreißigjährigen Krieg ziehen Schweden und ein paar Finnen zuerst vor der Stadt auf, nach entsprechenden Drohungen auch hier ein. Gustav II. Adolf nimmt Quartier im früheren Kartäuserkloster Gottesgnade, im Volksmund schlicht *Kartause* genannt. Den Stettinern stellt er die Verpflegung der Truppe in protestantischer Verbundenheit mit monatlich rund 25000 Taler in Rechnung. Zwei Jahre später fällt Schwedens König, der Tillys Waffenruhm gebrochen hat, während der Schlacht bei Lützen, Schillers *blut'ger Affär*. Dort hatte sich der Christ und Held aufgrund seiner Kurzsichtigkeit im dichten Nebel verritten. Gustav

Adolf – »*ein Glück für mich und für ihn, daß er tot ist*« (Wallenstein) – wird einbalsamiert, dann über Greifswald und Stettin nach Wollin, dort an Bord eines schwedischen Seglers gebracht.

Pommerns Herzöge tragen den aufgerichteten roten Greif im silbernen Schild. Viel geholfen hat ihnen das Fabeltier, seit Alexander des Großen traumhafter Greifenfahrt Synonym der Streitbarkeit, im Endeffekt allerdings nicht. Mit Bogislaw XIV., dem es gelungen war, von Stettin aus ein erneut geeintes Pommern zu regieren, stirbt das Greifengeschlecht im Mannesstamm aus. Gedankt wurde ihm das Einigungswerk ohnehin nicht. Nach dem Tod des letzten Greifen, zuletzt dem Bier im Kruge zugetan, eher Gefangener der Schweden als eigentliche Macht im Land, werden seine eingesargten Gebeine irgendwo im Stettiner Schloß untergestellt, da weder die Bürger der Stadt noch die Schweden oder erbberechtigten Brandenburger bereit waren, für die Kosten der Bestattung auf-

Stettins Ufa-Palast. An der Stelle der alten Hauptwache am Paradeplatz bauen die Stettiner 1928 den Ufa-Palast mit einem Kino für 1000 Personen, dem Deutschen Familienkaufhaus (Defaka), einem Café und der Gaststätte »Alte Wache«

zukommen (vielleicht galt als Grund auch nur die grassierende Pest). Auf die verdiente Ruhe neben den in der Herzogsgruft der Schloßkirche in Gott ruhenden Ahnen muß der teure Tote so auch noch ein paar Monate warten.

Im Westfälischen Frieden erhält der Brandenburger Friedrich Wilhelm lediglich Hinterpommern. Stettin, dem der Große Kurfürst eine beträchtliche Rolle zugedacht hatte, geht zusammen mit Vorpommern völkerrechtlich an Schwedisch-Pommern, das Reichsterritorium ist. Anstelle von Stettin baut Friedrich Wilhelm Pillau, den Seehafen Königsbergs, zum Hauptflottenstützpunkt aus. Ungerechtigkeiten, wie sie sich die Geschichte leistet, die den Hohenzollernsproß jedoch anspornen, das ihm Angeerbte mit Waffengewalt zu holen. 1659 liegen brandenburgische, hinterpommersche und kaiserliche Truppen 46 Tage lang vor den erheblich modernisierten Befestigungsanlagen. Die Stettiner wehren sich mit Erfolg, was ihnen Schwedenkönig Karl XI. mit der Verleihung eines Ehrenwappens nebst gnädigem Schreiben entsprechend dankt.

Erfolgreicher ist Friedrich Wilhelm ein paar Jahre später. Nachdem Brandenburger und Lüneburger Stettins mittelalterlichen, gotikgeprägten Kern mit glühenden Kugeln zerschossen haben, ergibt sich die Stadt. Allerdings finden Eroberer wie Eroberte, so Zeitgenossen voll Entsetzen, hier jetzt keine Gasse mehr, »da man nach der Belagerung ungehindert gehen kann, weil halbe und ganze Giebel durch das abscheuliche Schießen in dieselbe gestürzt liegen, und kaum ein Haus, das nicht im Grunde verdorben ist«. Die Schloßgebäude haben schwer gelitten, Jakobikirche und St. Peter und Paul ihre Türme eingebüßt.

Obwohl ein erschöpfter Schwedenrest das Weite suchte, muß Brandenburg im Frieden von St. Germain erneut auf die Odermetropole verzichten, womit Stettin als Königsstadt Preußens für immer aus der Anwärter-

Luise von Preußen (1776–1810): Friedrich Wilhelm III. hatte seine Kritiker, Gemahlin Luise wird von ihren Untertanen als »Königin der Herzen« wie eine Heilige verehrt.

liste gestrichen ist. Die Stettiner erweisen sich gegenüber Friedrich Wilhelm, der mit der Zielgenauigkeit preußischer Kanoniere ihren Stadtkern zerschossen hatte, als gute Verlierer. Eines Tages stellen sie im Schloßhof, gleich neben Bischof Otto von Bamberg, dem Frommen, eine Denksäule mit seiner Bronzebüste auf.

Im Nordischen Krieg von Schweden und Vorpommern verteidigt, 1713 von preußischen Truppen (Russen, Sachsen, immer auch Hinterpommern) eingenommen, kommt Stettin auf Dauer erst mit dem Frieden von Stockholm zum Hohenzollernreich. Friedrich Wilhelm I. beehrt die von seinem Großvater so heiß begehrte Stadt. Ganz Soldatenkönig, mit gutem Instinkt für kommende Zeiten, verlegt er zwei Infanterie-Regimenter an die Oder und ersetzt die im Lauf der Geschichte immer wieder durchlöcherten Befestigungsanlagen. Den vorgeschobenen Forts Preußen, Wilhelm und Leopold addiert Festungsbaumeister Gerhard Cornelius von Wallrave das Brandenburger (später Berliner) und Anklamer (später Königs-)Tor zu. Dieser Wallrave, vom holländischen Ingenieuroffizier zum Kommandeur des preußischen Ingenieurkorps aufgestiegen, hat neben Stettin auch in Magdeburg, Glogau und Neisse »befestigt« und in Preußens Heer das Wort Pionier (Pionniers) eingeführt. Pech für ihn, daß er wegen Verrats beim König in Ungnade fällt und sein Leben nicht ganz ohne Ironie in Festungshaft beendet.

Mit Stettin unter den stärksten Festungen des norddeutschen Raums verlegt Preußen die Pommersche und Camminsche Regierung von Stargard an der Ihna an die Oder, Schweden die Regierung des ihnen verbliebenen Landesteils von Stettin nach Stralsund. Für preußische Tugenden sorgt der preußisch-sparsame, immer auch etwas obskure Stadtkommandant Christian August Fürst von Anhalt-Zerbst, Vater der Zarin Katharina II., der sich – alle Welt soll es wissen – zusammen mit

Gemahlin Johanna Elisabeth, einer geborenen von Holstein-Gottorp, anstelle der Tochter tatsächlich sehnlichst einen Sohn gewünscht hatte.

Friedrich Wilhelm I. zeigt seine Huld hier wie auch anderwärts: Der Ausbau der Swine für den Zugang zur Ostsee macht Stettin zum wichtigsten Hafen Preußens, die Einrichtung eines städtischen Zucht- und Spinnhauses dient der Aufnahme *»ungehorsamer, boshafter und widerspenstiger Gesinde, lasterhafter und liederlicher Personen«.* Er schenkt der Stadt einen Springbrunnen für den Roßmarkt, jagt Wölfe in der Buchheide und lädt enorm tüchtige hugenottische Glaubensflüchtlinge ein, die sich – von den Stettinern nicht gerade mit Sympathie begrüßt – 1721 in einer Kolonie der Exilfranzosen zusammenschließen.

Mit Preußen, damit im Vergleich zu anderen Handelsstädten der Region relativ spät, beginnt die eigentliche Blüte Stettins. Friedrich »der Große« sorgt dafür, daß des Vaters Festungswerke stabil bleiben, Oderzölle aufgehoben und Sümpfe im Umland trockengelegt werden. Er fördert die lokale Industrie, darunter besonders den Schiffsbau, gründet Augustwalde, das mit Pfälzer Bauern besiedelt wird. Weit über die Stadtgrenzen hinaus wirkt sein Vorschlag, einen in Stettins Großer Domstraße geborenen lebenslustigen Backfisch mit dem Anwärter auf Rußlands Thron zu verheiraten: Zarin Elisabeth Petrowna, die alternde Tochter Peters des Großen, ist auf Brautschau für Thronfolger Peter Fjodorowitsch, die 15-jährige Prinzessin Sophie Auguste Friedericke von Anhalt-Zerbst *von schöner, blühender Gestalt.*

Die Ehe mit Großfürst Peter Fjodorowitsch (Zar Peter III.) macht aus der protestantischen Preußin Sophie jene griechisch-orthodoxe »Russin« Katharina/Jekatarina Alexejewna, die, politisch wie erotisch hoch motiviert, als eine der ganz großen Frauengestalten in der Weltgeschichte steht. Voraussetzung für Katharinas Aufstieg ist,

daß ihre Ehe alles andere als eine Ehe wird. Ihr Peter kommt Ehepflichten aufgrund einer unbehandelten Phimose nicht nach, ist zudem etwas, wozu die Stettiner *brägenklütrisch* sagen. Als er die Gemahlin ins Kloster schicken will (in jener Zeit soviel wie: *Ist dort verstorben),* beginnt die Palastrevolution, die der Zar nicht überlebt. Umstände seines Todes mag bis heute der Mantel des Mysteriösen decken, recht gängig ist die Version, daß Katharina Peter ermorden ließ, um als Todesursache den Willen des allmächtigen Gottes und eine *aus Hämorrhoidal-Zufällen herrührende Colick* verantwortlich zu machen. Selbstherrscherin aller Reußen regiert die Zarin Rußland von 1762 bis 1796. Das Volk nennt sie gerne *Mütterchen oder Matuschka,* ihre großartige Staatskunst macht sie zur Großen. Katharina korrespondiert mit führenden französischen Enzyklopädisten und Aufklärern, schreibt Satiren und satirische Komödien, unterhält daneben etwas, das Voltaire spöttisch einen Männerharem nennt. Ganz vergessen hat die Stettinerin ihre Stettiner Heimat darüber nicht: Eine Münzsammlung, die sie der Stadt schenkt, wird im Rathaus ausgestellt.

Gegen Ende des 18. Jahrhunderts revanchieren sich die Stettiner beim Königshaus Preußen für vergangene Gunstbeweise auf ihre Art. Noch vor den Berlinern errichten sie dem Alten (inzwischen gestorbenen) Fritz am Königstor in *unauslöschlicher Dankbarkeit* ein aus öffentlichen Mitteln finanziertes Denkmal aus schlesischem (der Sockel) und carrarischem (die Statue) Marmor, eben so, wie man in Pommern gute Denkmäler baut. Die Arbeit stammt von Hofbildhauer Johann Gottfried Schadow, einem Hauptvertreter des deutschen Klassizismus. Der Glanz des ersten Dieners seines Staates, der zu Lebzeiten kein ihm gewidmetes Denkmal geduldet hatte, sollte trotzdem schnell Schatten bekommen. Wetterempfindlich wie er in Marmor zwischen Dreispitz und Stulpenstiefeln

Stettins »größter Sohn« ist eine Tochter: Sophie Auguste Friedericke von Anhalt-Zerbst steigt mit dem orthodoxen Taufnamen Katharina Alexejewna zur Selbstherrscherin aller Reußen auf.

Friedrich Heinrich Ernst Graf von Wrangel (1784 – 1877). Im familiären Untergebenenton schlicht Papa Wrangel gekürzelt, dient der Stettiner unter vier Königen, damit länger als jeder andere Soldat der deutschen Geschichte.

Friedrich Wilhelm IV. Preußenkönig seit 1840, lehnt der Monarch die kleindeutsche Kaiserkrone als »imaginären Reif aus Dreck und Letten« ab.

nun einmal war, mußten ihn die Stettiner eines Tages in Erz gegossen ersetzen (mit Kopie, die das Haus Hohenzollern den Amerikanern schenkt). So verstärkt hält es Preußens großer Friedrich in Stettin dann noch eine ganze Weile aus.

Hatte der Hohenzoller den Pommern bei Kunersdorf oder Kolin einst ein verzweifeltes »*Kerls, wollt ihr denn ewig leben?*« zugeworfen, so kommt nach Preußens Niederlage in der Doppelschlacht von Jena und Auerstedt die Antwort aus Stettin zurück. Konnte, wie eine gut armierte Garnison von immerhin rund 5000 preußischen Soldaten auf das Erscheinen von 800 Husaren des Großherzogs von Berg reagierten, doch nur bedeuten, daß Stettiner Kerls einfach leben wollten, leben und sonst nichts. Als der Feind aus Richtung Pasewalker Chaussee vor Stettin erscheint, übergeben der alte Romberg (der tatsächlich 77 ist) und der alte Knobelsdorf einem General Lasalle die Stadt ohne Gegenwehr (und das in Preußen).

Die Franzosen quartieren sich ausgerechnet im Hôtel de Prusse oder im Preußenhof ein, Pommerns Regierung zieht nach Stargard um. Die Kontribution – »*kein Eigenthümer darf aus der Stadt, wenn er nicht Jemand stellt, der für ihn zahlt*« – wird mit monatlich 40000 Reichstaler festgestellt. Wie wenig Feingefühl für pommersche Sensibilitäten der Gegner tatsächlich hat, beweißt der Brand der mit 20000 Zentnern Pferdefutter überladenen Nikolaikirche: Die Grande Armee hatte das Gotteshaus – seit 1243 belegt eine demonstrative Demütigung der Stettiner – als Heudepot genutzt. Erst in den Befreiungskriegen, als »*die letzten Hülfsquellen erschöpft sind, der [welsche] Soldat am Nothwendigen leidet*«, nehmen Preußen, Russen und Kosaken dem französischen General Grandeau das recht ausgehungerte Stettin wieder ab. Während die Welschen, die ihre Zugtiere längst aufgegessen haben, Wagen und Geschütze nach Westen zie-

hen, marschieren pommersche Landwehren des Blockade Corps/General Plötz durch das Berliner Tor, über Heu-, Kohl- und Roßmarkt zum Königsplatz. Dort sehen sie 1000 Gründe, um zusammen mit den Stadtbürgern Martin Luthers »Te deum laudamus« (natürlich eingedeutscht: Herr Gott, dich loben wir) anzustimmen. Daß Stettin danach Hauptstadt eines wiedervereinigten Pommern wird, verdankt die Oderstadt weniger eigenem Heldenmut, wie ihn Kolberg vorgeführt hat, als einem im fernen Wien versammelten Kongreß.

Zur Ehrenrettung zeitweise müder Stettiner gibt es den Papa Wrangel, eine der volkstümlichsten Gestalten Pommerns und Preußens, dessen schlagfertige wie derbe Ausdrucksweise viele Anekdoten nährt. Der Kommisskopf, im Haus Kohlmarkt 10 geboren, hatte sich als Dragonerlieutenant empfohlen, mit einer Bilderbuchkarriere vom Divisionskommandeur zum Oberbefehlshaber märkischer Truppen hochgedient, 1848/49 »die Ordnung« in den Marken wieder hergestellt. Er wird Generalfeldmarschall und Gouverneur von Berlin, führt im Deutsch-Dänischen Krieg zeitweise das Oberkommando über die österreichisch-preußi-

sche Allianz, was den inzwischen Acht-
zigjährigen dann doch etwas zu stark
belastet.

In der Geschichte immer wieder einmal besetzt, belagert und beschossen,
beginnt für Stettin mit dem Ende der
Franzosenzeit eine Epoche des Auf-
schwungs, des Fortschritts und des Zu-
kunftsglaubens. Die Straße nach Berlin
wird gepflastert, die Stettiner Börse ein-
geweiht, die Verbindung Stettin-Swinemünde nimmt mit der »Dievenow«
Pommerns erstes Dampfschiff auf. 1843
eröffnet König Friedrich Wilhelm IV.
die Eisenbahnstrecke Stettin-Berlin,
1849 wird das Stadttheater am Königsplatz mit Goethes Trauerspiel »Eg-
mont« seiner Bestimmung übergeben.

Nachdem Heinrich Laube, der
Schlesier, zwischen 1834 und 1836
Deutschland bereist hatte, vertraute er
seinen »Reisenovellen« noch an: *»Die
Pommern sind sehr stolz auf Stettin, und
finden es sehr schön gelegen und mit
schöner Gegend umsäumt – das hügelige
Terrain am Wasser ist auch wirklich für
diesen sonst magern Theil unsers Vaterlandes ganz artig, objektiv betrachtet ist
es freilich nicht viel.«* Ein paar Jahre später hält Theodor Fontane dagegen:

*»Stettin gefiel mir außerordentlich, der
Sonnabend, es war Markt und der Strom
voller Boote von den benachbarten
Oderdörfern tat das seinige.«*
Nach einer verheerenden Choleraepidemie wird das Fahrwasser Stettin-
Swinemünde durch die künstlich ge-
schaffene Kaiserfahrt für große Schiffe
ausgebaut, 1898 eröffnet Wilhelm II.
den Freihafen, der aufgrund seiner tief
ins Land reichenden Lage einer großen
Entwicklung entgegensieht. Die Oder,
die die Stadt in Teilen inselartig umfaßt, ist Stettins Lebensader geblieben.
Die Oder, deren dunkle Melodie den
Menschen am Ufer das Gefühl von Heimat gibt. Sie mag mit Paul Keller das
Bauernweib unter Deutschlands
größeren und edleren Flüssen sein,
*»nicht so reich wie die Elbe, nicht so
munter wie die Weser, nicht so königlich
wie der Rhein, nicht so machtvoll wie die
Donau«*. Doch ein Bauernweib, das für
die Reeder als Patrizier unter den Oder-
schiffern und das handeltreibende,
schiffedirigierende Bürgertum strom-
auf, stromab die Lasten trägt.
Die Maschinenbau AG Vulkan in
Bredow bei Stettin baut zuerst Loko-
motiven, als das mit Blut und Eisen ge-

*Stettiner Hauptfriedhof:
Der als Park gestaltete
Haupt- oder Zentralfriedhof
mit einer Säulenhalle im
Eingangsbereich – ein Ge-
meinschaftswerk von Stadt-
baurat Meyer und Garten-
direktor Hannig –, zählt zu
den Attraktionen der Odermetropole.*

Carl Loewe (1796–1869). Wahlstettiner seit 1820, bestimmt Carl Loewe als Städtischer Musikdirektor bis 1866 das musikalische Leben der Odermetropole.

schmiedete Kaiserreich seine Zukunft nicht nur am, sondern auch auf dem Wasser sieht, auch Schiffe. Die mit See-, Fluß- und Küstenfahrt vertrauten Stettiner legen in Deutschlands erster Werft für die Produktion von Eisenschiffen die Panzerfregatte »Preußen«, die gedeckte Korvette »Prinz Adalbert« und die Panzerkorvette »Sachsen« auf Kiel. In der Vulkanwerft laufen mit der »Kaiserin Auguste Viktoria« und dem Doppelschraubendampfer »Deutschland« die größten Schiffe des Reiches vom Stapel.

Mit der Schleifung von Festungswerken und musealer Überbleibsel kann sich die überforderte, aus allen Nähten platzende Pommernkapitale erst richtig dehnen und strecken. Zum Zentrum am linken Flußufer, zu Vorstädten, Lastadie und Silberwiese kommen neue Wohnviertel. Stettin, das durch Kriegseinwirkungen und Neuaufbau ohnehin keine Chance mehr hat, organisch gewachsen zu sein, wird zu einer aus älteren, intim verschachtelten Kernen und neuen Erwerbungen zusammengewürfelten Stadt. Die Bevölkerung wächst, unter den Neubürgern fällt einer wie der Mecklenburger Ludwig Giesebrecht auf, der rund 50 Jahre am lokalen Marienstiftsgymnasium lehrt, als Dichter poetisch agiert: »*Über viele liebe Dinge,/ Liebe Stadt, gefällst du mir;/ Wenn mein Herz nicht an dir hinge,/ Hinge traun mein Fuß an dir./ Denn geteert sind deine Gassen,/ Zäune, Schiffe um dich her:/ O Stettin, wer kann dich lassen,/ Liebe feine Stadt im Teer.*« Nicht-Stettinern, die Giesebrecht verstehen wollen, sei erklärt, daß es in der Stadt lange Brauch war, die Torwege, Zäune, selbst die Treppen vor der Haustür mit einem guten Quantum Teer zu bestreichen.

Die Stettiner lebten gern, sie waren wer, auch wenn es sich im Reich immer wieder neu herumsprechen mußte. Man *wurachte* zusammen, feierte die Wendepunkte des Lebens (Taufe, Konfirmation und Hochzeit), aber längst nicht nur diese. Die Stadtbürger trafen sich zur Naherholung in der Buchheide, in Papenwasser, im Freibad »Grüne Wiese«, auf dem Dammschen See oder im Siebenbachmühlental. Gut leben hieß immer auch gut essen. Ob zu Hause in der Augusta-, Moltke- oder Barnim-Straße, in Herbergen wie dem Bairischen Hof oder Fürst Blücher ... man schätzte die eigene Gastlichkeit, war kulinarisch in allerbesten Händen und Wänden. Stettiner aßen anders als Münchner oder Frankfurter, servierten, was niemand so servierte: Kalbsfrikassee Stettiner Art, Stettiner Baumkuchen, Stettiner Schrippen, wo sich der Städtename mit der Spezialität verbindet. Salzkuchen mit Schmalz, Gänsebraten, -spickbrust, -magen, -weißsauer, -schwarzsauer, -klein, -sülze usw., dazu den Schit-Lot-Em, ein alkoholisches Getränk, von dem der waschechte Stettiner nie genug bekommen konnte.

Vor dem ersten Weltbrand hat das boomende Stettin ein im engen Straßengewirr eingekeiltes, mit Geschichte gefülltes Schloß, ein paar Gotteshäuser und zwei Festungstore aus Mauerwerk und Sandstein, die zwar nicht vom Uralten, jedoch vom Alten zeugen. Nicht ohne Stolz werden Besucher von außerhalb zu Friedrich Wilhelm im Schloßhof, Friedrich II. am Königsplatz, Friedrich Wilhelm III. vor dem Stadttheater, Wilhelm I. am Paradeplatz und Ernst Moritz Arndt im Quistorp-Park geführt. Ein Allzuviel ist es trotzdem nicht, fehlt der Stadt doch, was ihren Schwestern im Reich den ausgesprochen historischen Reiz verleiht. Dafür geht der Stadtgeist mit der Zeit. Auf dem früheren Gelände des Forts Leopold wird eine 500 m breite Gesamtanlage mit Rasenflächen, Freitreppen und Bauten der Neurenaissance fertiggestellt: die sogenannte Hakenterrasse des Bürgermeisters Dr. Haken. Damit hat Stettin die städtebauliche Kostbarkeit, eine Renommierstraße, wie sie andere nicht haben, wie sie spezifisch und eigentümlich ist.

Die Eröffnung des Hohenzollernkanals, des Großschifffahrtswegs vom

Zentrum des pommerschen Wirtschaftsraums nach Berlin, macht Stettin zum Ostseetor der deutschen Metropole. Von seinen Hafenanlagen legen elegante Bäderdampfer ab, fahren Passagier- und Frachtschiffe in alle Welt hinaus. In der Zwischenkriegszeit sind die weißen Schiffe des Seediensts Ostpreußen darunter, die nach der Einrichtung des Korridors eine von Polen unabhängige Verbindung zu Deutschlands verinseltem Osten unterhalten. Die Motorschiffe »Preußen«, »Hansestadt Danzig«, dann auch die »Tannenberg« gehören bis zu jenem Tag ins Bild Stettins, an dem sie, als Minenleger eingesetzt, vor der Insel Öland sinken ...

Stettin hatte Kultur, viel Kultur, wobei lediglich die Gefahr bestand, sie zu übersehen. Es ist die Konkurrenz geschichtlicher und wirtschaftlicher Großwetterlagen, die sich am kulturellen An- und Aussehen der Pommernmetropole reiben. Der »Stettiner Jung« Hans Hoffmann wickelt ab: »'S ist wahr, wir hinken noch ein wenig sehr/In Manchem nach, was man Kultur so heißt;/Gedieg'ne Nährkraft gilt uns meistens mehr/Als luft'ge Schönheit, Anmut, Witz und Geist.« Karl Ludwig Schleich, Arzt und Philosoph, hält dem »die merkwürdige Physiognomie« der Odermetropole entgegen: »Die Stadt tat von je nie etwas für ihre großen Söhne, sie ließ ihren Ruhm in ihren Mauern eingeschlossen, tat, als ob es gar nichts wäre, einen Loewe, Giesebrecht den Ihren zu nennen, ließ ihre Sterne aber nicht über ihre Vorwerke hinausleuchten, besaß aber zugleich einen so hohen Stolz über ihre Geistigkeit, daß ihr von außen, von Berlin, schon gar nichts imponieren konnte, wodurch sie lange Zeit für produzierende Künstler ein verhasster und gefürchteter Boden war. Der Ton in Stettin war ›überkiekig‹, snobistisch noch bis in meine Jünglingszeit hinein. Nur nichts Fremdes anerkennen! Das hatten wir ja Gott sei Dank alles bei uns selbst.«

Stettin und seine geistreichen Stettiner, das Harmonieren von Form und Inhalt. Die schreibende Zunft mit Bogislaw Philipp von Chemnitz, Johann Christian Brandes oder Arthur Brausewetter, die Maler Julo Levin oder Gustav Wimmer, der Zoologe Anton Dohrn und der Historiker Franz Kugler ... Zugegeben, man mußte etwas zwischen den Zeiten herumspringen, auch Bürger einbeziehen, die zu-, gerade auch abgewandert waren. In der Fülle wechselnder Gäste ein Wahlstettiner wie Carl Loewe, der 1820 hier einzog, Städtischer Musikdirektor wurde und in dieser Funktion bis zum erzwungenen Abschied 1866 das musikalische Leben bestimmte. Loewe veranstaltet Musikfeste, bringt die Bach-Passion zur Erstaufführung, schreibt Klavier- und Orchestermusik, Opern, Oratorien, Lieder wie »Preußentreue« und Balladen wie »Fridericus Rex« oder »Heinrich der Vogler«. Dem Wunsch, sein Herz nach seinem Tod in einer goldenen Kapsel in einem Pfeiler der von ihm gespielten Orgel der Jakobikirche ruhen zu lassen, hat man entsprochen.

Auf seine ureigene Art Komponist ist auch Siegmund Schlichting aus Isinger im Pyritzer Weizacker. Verdankt ihm die Nachwelt doch jenen Dauerbrenner »Stettiner Kreuzpolka«, der rechts wie links der Oder und weit darüber hinaus Tanzflächen überfüllt, bei guter Stimmung auf den Text gesungen wird: »Siehste woll, da kimmt er, lange Schritte nimmt er,/siehste woll, da kimmt er schon,/der versoffne Schwiegersohn.«

Mit rund 100 Militärmärschen hat sich der Flügelhornist und Schutzmann Karl Teike aus Altdamm am Rande der Buchheide empfohlen. Ursprünglich zur Regelung der Bewegung größerer Menschenmengen gedacht, werden Teikes Marschmelodien bald auch vor kleinerem Publikum intoniert. Alle Welt spielt dann »Alte Kameraden«, »Graf Zeppelin« oder »In Treue fest«, Deutschlands talentiertester Militärmarschkomponist stirbt trotzdem verarmt in Landsberg/Warthe, heute Gorzow Wielkopolski.

Gebürtiger Stettiner ist Leon Jessel. Der Kaufmannssohn aus jüdischer Fa-

Karl Teike (1864 – 1922). Alle Welt spielt »Alte Kameraden« oder »In Treue fest« ... Deutschlands talentiertester Militärmarsch-Komponist stammt aus Altdamm/ Stettin.

Leon Jessel (1871–1942). Kaufmannssohn aus Stettins selbstbewußtem Judentum, gelingt Jessel mit dem Schwarzwaldmädel sein größter Operettenerfolg.

Stettin: die Baumbrücke (1731), eine der ältesten Brücken der Stadt.

milie erweist sich früh als Musiktalent, komponiert – »*Hoch leb' das deutsche Vaterland*« – Märsche und Walzer, bevor er sich der Operette verschreibt. Sein erfolgreichstes Werk wird der in Berlin uraufgeführte Dreiakter »Schwarzwaldmädel« ... 1942 stirbt Jessel im gleichen Berlin an den Folgen der Gestapohaft. Die »Mädle aus dem schwarzen Walde«, das Hannele, Lorle oder die Malwine haben ihn zu diesem Zeitpunkt allerdings bereits unsterblich gemacht.

Wie Jessel aus Stettins selbstbewußtem Judentum stammt der Schneidermeistersohn und Kassenarzt Alfred Döblin. Mitarbeiter der expressionistischen Zeitschrift »Sturm«, versucht er sich zuerst an Themen wie »Die Ermordung einer Butterblume« oder »Wadzeks Kampf mit der Dampfturbine«. Bevor Döblin, aus der preußischen Akademie für Dichtung ausgeschlossen, als Asphaltliterat verrufen, über Frankreich in die USA emigriert, ist sein Hauptwerk »Berlin-Alexander-

platz« erschienen, das später auch verfilmt wurde. Die mit krassem Realismus erzählte Geschichte des Transportarbeiters Franz Biberkopf, der nach vier Jahren wegen Totschlags in Tegel als entlassener Sträfling die Aufnahme in die menschliche Gemeinschaft sucht, erregt das Aufsehen der Zeit.

Rundum populärster Stettiner dürfte allerdings Heinrich George sein. Spricht man Pommern generell ein gewisses Talent zum Schauspiel zu, hier in Stettin wurden Schauspieler geboren. George, Sohn eines Marineoffiziers, Freiwilliger beim 2. Pommerschen Pionier-Bataillon, wird gegen Ende des Ersten Weltkriegs als dienstuntauglich entlassen (womit schon jetzt die Legendenbildung beginnt). Volksschauspieler im wahrsten Sinne des Wortes, zieht es ihn auf die Bühne. George spielt in Dresden, Darmstadt, Frankfurt/Main und Berlin, Salzburg sieht ihn unter Max Reinhardts Regie als Mammon im »Jedermann«. Er wird Stumm-, dann auch Tonfilmstar, wird von Hollywood verpflichtet, bleibt der Heimat als »*Blutquell seiner Kunst*« verpflichtet. Hier sind es berühmte Rollen vom Götz von Berlichingen über Florian Geyer zu Wallenstein oder Faust, die ihn zum »*menschlichen und künstlerischen Urphänomen*« (Gerhart Hauptmann) machen. Das Reich zieht ihn – Theaterwelt im Welttheater – zu Propagandafilmen wie »Jud Süß« oder »Hitlerjunge Quex«, zu Durchhaltestreifen wie »Kolberg« heran. Nach Kriegsende, das den Stettiner in seinem Haus in Berlin-Wannsee trifft, erweist sich, daß die neuen Machthaber Georges Rolle im »Hitlerjunge Quex« nicht vergessen konnten. Dort hatte er einen Kommunisten gespielt, der zum Nationalsozialismus konvertierte. Heinrich George stirbt im Hungerwinter 1946/47 im NKWD-Sonderlager Sachsenhausen bei Oranienburg nach einer Blinddarmentzündung.

Mit der Schaffung Groß-Stettins wird die Pommernmetropole 1939 zur flächenmäßig drittgrößten deutschen

Stadt. Unter den jetzt eingemeindeten Ortschaften sind neben der Stadt Altdamm Ortschaften wie Podejuch und Völschendorf, Hohenzahden und Zedlitzfelde, dann auch die Hopfenmetropole Pölitz am Westrand des Unter-odertals, die durch ihren Schweinemarkt bereits in vieler Munde ist; hatten frühe Pölitzer Bauern ihre am Markttag unverkäuflichen Ferkel doch häufig einfach laufen lassen. Wer buchstäblich genug Schwein hatte, eines davon einzufangen, durfte es behalten. Erst wenn das letzte Tier gefangen war, rief der Obermarktschreier sein *»Rut ut Pölitz, de Mark is ut«* (Raus aus Pölitz, der Markt ist aus), was in Stettin und darüber hinaus zum geflügelten Wort wurde. Eignet sich der historische Marktschrei doch für viele Situationen, in denen absolut nichts mehr gefangen/geholt werden kann.

In der Zwischenkriegszeit erhält Stettin den eigenen Flugplatz, den Autobahnanschluß nach Berlin und einen Ufa-Palast. Dazu den lokalen Radiosender, wobei das Reich peinlich darauf achtet, daß das neue Medium Zeitgenossen als Ohrenzeugen nicht zu sehr emanzipiert. Ab 1940 leben die Stettiner mit dem Flugalarm, der besonders dem Hydrierwerk für synthetischen Treibstoff in Pölitz gilt. Im April 1943, während der Feiern zum 700. Geburtstag der Stadt, erreichen 304 britische Flugzeuge den Stettiner Luftraum. Dem Fegefeuer von 782 Tonnen Bombenlast fällt der Großteil der Altstadt, darunter die gewaltige Jakobikirche, zum Opfer. Symbolisch dann eher, daß die Kriegsmarine mit der »Graf Zeppelin« ihren einzigen Flugzeugträger in einem Oderarm selbst flutet und sprengt. 1938 in Kiel vom Stapel gelaufen, nach einem Baustopp über Gdingen/Gotenhafen nach Stettin verlegt, hatte das 262,5 Meter lange Schiff ohnehin keinen Kriegseinsatz gesehen.

Beim Einmarsch der sowjetischen Truppen ist über die Hälfte der Bausubstanz Stettins zerstört, der Stadtkern zwischen Oder, Parade- und Kö-

nigsplatz praktisch eingeebnet, das Schloß, das die Vergangenheit mit der Gegenwart verband, ausgebrannt. Die geschändete Hafenstadt wird als Szczecin unter polnische Verwaltung gestellt. Die neuen Herren der alten Erde weisen die Stettiner aus, schicken Trümmersteine und historisches Geröll nach Warschau (wo sie benötigt werden) und machen sich danach an den Wiederaufbau.

Der Rest ist neuere Zeitgeschichte. Die Oderkapitale, heute Polens größter See- und Handelshafen, zeigt kein Altern, ist vielmehr wie zu Zeiten der Greifen populäres Zuwanderungsziel geblieben. Im Jubeljahr 1993 – Szczecin feierte den 750. Geburtstag Stettins –, würdigte Polens Staatspräsident Lech Walesa die Stettiner als *»Garanten einer 1000-jährigen polnischen Erde«.* Eben so, als sei Stettin, trotz der Fußspuren Friedrichs des Großen, Carl Loewes oder Heinrich Georges ... sei ganz Pommern weder Pomoranen, Wenden oder Kaschuben, weder Dänen, Schweden noch Deutsche jemals etwas angegangen.

Erna und Alfred Döblin. Nervenarzt und Psychiater in Berlin, 1929 erscheint Alfred Döblins Hauptwerk »Berlin-Alexanderplatz«. Als Asphaltliterat verrufen, sieht sich der Stettiner 1933 in die Emigration gezwungen.

Heinrich George (1893 – 1946). Volksschauspieler im wahrsten Sinne des Wortes und populärster Stettiner seiner Zeit, stirbt George im Hungerwinter 1946/47 im NKWD-Sonderlager Sachsenhausen bei Oranienburg.

Zwischen Stubben-kammer-Zauber und Arkona-Legende

»O Rügen! Liebliche Insel, wohin ewig die Liebe sich sehnt ... Glauben Sie mir, daß ich oft recht träumerisch sehne, Möwen und Kibitze am Strande der Ostsee kreisen und den Wind in den Eschen zu Garz und Eichen zu Putbus rauschen zu hören. Aber o du armer gefesselter Erdenwurm Mensch, sollst du allenthalben sein?«

Als er es schreibt, ist Ernst Moritz Arndt Professor in Bonn. Aber er stammt von Rügen, ist Randpommer. Und auf Deutschlands größter Insel geben sie viel darum, daß der Herold der Freiheit von hier kommt. Anno 1877 hat Rügen dann seine Götter und Germanen, Slawen, Fürsten und Seeräuber, bizarre weiße Kreidefelsen, das blaugrüne Meer, Arkona-Legende und Stubbenkammer-Zauber, Backsteinkirchen und Fischkaden ... jetzt stellen die Insulaner über der Wallanlage der slawischen Fürstenresidenz auf dem Rugard den Ernst-Moritz-Arndt-Turm dazu. Um von 27 Meter hoher Plattform aus Arndts Heimat in ihrer landschaftlichen Vielfalt im Rundblick zu übersehen, ist man in Zukunft nur auf gutes Wetter angewiesen. Das allerdings sollte, wer die Plattform ersteigt, schon haben.

Rügen, deutsches Sehnsuchtsziel: Die vom Festland durch Greifswalder Bodden und Strelasund getrennte Insel ist, wenn auch etwas grob gesehen, in Hoch- (der Osten) und Niederrügen (der Westen und Südwesten) zu teilen. Den eigentlichen Kern umlagern die durch Wieken, Bodden und Bänke zerrissenen Halbinseln Zudar (Palmer Ort), Mönchgut, Jasmund und Wittow. Der Reise(ver)führer stellt Ostseebäder und Erholungsorte wie Saßnitz, Putbus oder Sellin vor, kilometerlange Strände zwischen Baabe, Göhren, Lob-

be und Thießow, wo sich Meer und Bodden treffen. Dazu das mondäne Binz, seit 1899 mit einem Bahnhof für den – dampfbetrieben, auf historischer Schmalspur höchstens 30 Stundenkilometer schnellen – Rasenden Roland, Bergen (um Verwechslungen vorzubeugen: Bergen auf Rügen), Glowe, Lobbe oder Breege-Juliusruh. Im Angebot für Rügenpilger: Kap Arkona, auf dem Westslawen ihrem Obergott opferten, Dänen seetüchtige Ranen überlisteten, Preußen einen Leuchtturm, die Anstalten des Nebelhorns und Flutmessers errichteten ... Pommerns gut durchlüfteter nördlichster Punkt, dem Gerhart Hauptmann die Zeilen widmete: *»Meerumschlungen/ Und weidegrün/ Märchendurchklungen/ Und heldenkühn/ Herden im Hage/ Reifendes Feld/ Flüsternde Sage/ Lug in die Welt!«*

Allen voran Jasmunds Küste mit ihren Kreidewänden, -würfeln und -felsen, dem Hengst, den Wissower

Der Ernst-Moritz-Arndt-Turm auf dem Rugard. Um von 27 m hoher Plattform aus die Heimat des markigen Freiheitsdichters zu überblicken, muß der Besucher 80 Stufen erklimmen.

Seite 98: Mönchguter Fischer. Auf Rügens Südostzipfel haben sich altheimisches Hand- und Hauswerk, Brauchtum und Wesensart besonders lange erhalten. Mönchgut ist klassisches Relikt- und Trachtengebiet.

Klinken und der Piratenschlucht. Hier sind es die Viktoriaklippen, eine Felsformation bei der Auguste-Viktoria-Sicht, die Caspar David Friedrich einst zur berühmten »Kreidefelsen auf Rügen«-Idylle inspirierten: Greifswalds Meister der Romantik hatte in Rügens Stimmungslandschaft seine Flitterwochen verbracht, das holde Wesen im roten Kleid ist wahrscheinlich Caroline Brommer, seine Ehefrau.

Wo sich Wirklichkeit und Legende mischen, landeinwärts vom Königsstuhl, der schwarze, ovalrunde Herthasee in der Stubnitz, in neuerer Zeit für nachtaktive Edelkrebse bekannt. Hertha (Holda, vielleicht sogar Frau Holle) war die Erdmutter ostgermanischer Rugier, erst spätere Zeiten rechneten ihr die Sirene zu. Im heiligen Buchenwald (der Stubnitz) soll sie mit Vorliebe gebadet, dabei Wanderer anund ausgezogen haben, um sie ins Verderben zu stürzen. Wenn es sie überkam, hat Hertha ihre eigenen Dienerinnen ertränkt. Diese spuken, von Unrast getrieben, heute noch in wendischen Burgwallresten, am Seeufer und im tiefen Buchenlaub herum.

Rügens Südostzipfel bildet Mönchgut, die Halbinsel zwischen der Ostsee und dem Greifswalder Bodden, einst im Mönchsbesitz des Klosters Eldena. Hier hatten sich dank selbstverständlicher Dickköpfigkeit, wie sie bodenständige Insulaner nun einmal an sich haben, altheimisches Hand- und Hauswerk, Brauchtum und Wesensart besonders lange gehalten.

Mönchgut ist neben dem Pyritzer Weizacker Pommerns klassisches Relikt- und Trachtengebiet. Doch während man im Umland von Pyritz nach dem Motto »je reicher der Bauer, um so prächtiger das Gewand« mit Trachten eher spielte, etwa das Frauenhemd unter dem Rock hervorblitzen ließ, hatte die Mönchguter Kleidung den Vorteil, einfach praktisch zu sein; behaupteten die Mönchguter Seeleute und Fischer. Eine dickwollene schwarze Männerjacke und bis zu den Waden reichende weite Leinenhosen – kurz genug, um nicht gleich nass zu werden, weit genug, um gut zu trocknen – galten vielen Generationen als see- und küstenerprobt. Wenn die Mönchguterin im langen schwarzen Rock mit geblümter Schürze, dem Umlegetuch und schwarzen Mieder, ein Band an der weißen Mütze über dem weißen Mützchen trug, wollte sie aller Welt damit

zeigen, ob sie verheiratet oder noch zu haben ist. Ein Brauch, dem Praktisches nicht abgesprochen werden kann.

Rügen mag nicht sonderlich anstrengend oder gar überanstrengend sein, eher ein Platz zum Verweilen, was nicht immer so war. Die Landschaft hat ihre exklusive Gegenwart, dazu die besondere Vergangenheit, haben sich geschichtliche Kräfte doch jahrhundertelang für die gleich mehrfach interessante Insel interessiert.

Rugia, Rygen oder Rügen, um das Jahr 1000 von Adam von Bremen, Mönch und erster bedeutender deutscher Geograph, erstmals erwähnt, ist seit frühester Zeit besiedelt. Steinzeitmenschen waren am Werk, ihre Steingeräte, zumindest rund 20000 davon, werden gefunden. Hügel- und Hünengräber im Rüganischen Totengarten, Burgwälle und der Opferstein, ein Antiquariat damit, das sich sehen lassen kann, stammen aus der Bronzezeit. Bis um das Jahr 500 n. Chr. ist das Eiland von Rugiern bewohnt. Uralte Teutsche,

die die Geschichte wohl vergessen hätte, fände man sie nicht im Landschaftsnamen wieder. Während der Völkerwanderung auf dem Weg nach Süden, landen die Insulaner – Pommern, ohne daß sie sich darüber im Klaren waren – am Donauufer, mit einem Zentrum bei Krems. Dort werden aus heidnischen Rugiern arianische Christen, die fremden Herren Heeresfolge leisten, in zwei Feldzügen gar die Stärke des Imperium Romanum testen. Letzteres hätten sie besser vermieden. Der schmale Rest, der übrig blieb, zog eines Tages mit Theoderichs Ostgoten in Richtung Italien, wo die letzten Rugier verschwunden sind.

Nach dem Abzug der Germanen wandern wendische Ranen ins rügensche Altsiedelgebiet. Zu Ehren ihres vierköpfigen Obergottes Swantevit legen sie auf 46 Meter hohem Kreidefelsen das burgumwallte Haupttheiligtum Urkan/Arkona an, einen weiteren Wall auf dem Rugard östlich von Bergen, schließlich die Herthaburg auf Jasmund. Wenn sie nicht an Burgen oder Wällen bauen, segeln die Ranen mit Vorliebe als Seeräuber, bevorzugt gegen Dänen und Sachsen.

Erich IV. von Dänemark schlägt 1136 erstmals ins Außerchristliche zurück, sein Versuch, den Ranen die Kultlandschaft um das Heiligtum Arkona zu entreißen, scheitert. Erst 1168 kann König Waldemar I. »der Große« – von Friedrich I. (Barbarossa) zur Eroberung der Wendenländer aufgerufen – mit Gottes und des streitbaren Bischofs Absalon (Axel) von Roskildes Hilfe die Insulaner überlisten und in ihrer Burgwallanlage entscheidend schlagen. Die wendische Tempelfeste, lange Zitadelle gegen die Christianisierung, wird mit biblischem Radikalismus zerstört, der Tempelschatz zeittypisch nach Dänemark entführt. Gleich danach errichten die Eroberer für die Eroberten die Kirche »St. Marien auf dem Wall«, wofür eine in neuerer Zeit gefundene Bodenplatte bürgt. Vorpommerns erstes Gotteshaus wird mit Benediktinerinnen aus dem Marienkloster von Roskilde besetzt. Unter Rügenfürst Jaromar I. schwören die Ranen heidnischen Göttern ab, bevor sie den Treueid auf Dänemark leisten. Bis 1259 bleibt Rügen unter dänischer Hoheit.

Wie im übrigen Pommern sehen Rügens slawische Herren ihren Vorteil im deutschen Know-how. Bauern und Handwerker werden geladen, die Resonanz bleibt im Rahmen, den der Umriß einer Insel und einheimisches Volk jeder Aufsiedlung steckt. Dem Verkehr mit dem Festland dient schon jetzt ein Fährbetrieb zwischen Altefähr und dem gegenüberliegenden Stralsund.

1193 wird das Nonnenkloster in Bergen gegründet, 1282 nimmt Witzlaw II. Rügen vom deutschen König zu Lehen, 1319 wird Garz erstmals schriftlich erwähnt, 1394 landet – *»Den Teufel haben*

Kirche in Altenkirchen. Im Gotteshaus – mit einem Baubeginn um 1200 unter den ältesten Kirchen Pommerns – diente der Dichter Gotthard Ludwig Kosegarten als Ortspfarrer. Sein Grabstein befindet sich neben der Kirche.

wir an Bord,/ Der Schiffsrumpf birgt gleißende Schätze« – Claus Störtebeker mit seinen *Likedeelers* (Gleichteilern) an der Küste. Ausgerechnet in Ralswieks Schloßberg, in Rügens kirchlichem Verwaltungszentrum, sollen die Piraten einen Teil ihres Raubguts vergraben haben. Wo genau, wurde nie bekannt. »Stürz den Becher«/Störtebeker, so genannt, weil er den stiefelhohen Weinbecher schneller leert als der Piratenhauptmann Gödeke Michels, unterhält an Pommerns Küsten mehrere, schon zu seiner Zeit schlecht zu identifizierende Schlupfwinkel. Unter ihnen seien nur die Unterwelt des Streckelsbergs bei Koserow, die Stubbenkammer, Ralswiek, Ralow und Venz genannt. Schuld am Debakel sind die Hamburger, die Störtebeker & Co anno 1401 zu Sankt Feliciani auf der Elbinsel Grasbrook hinrichten, ohne ihm zuvor sein Geheimnis entlockt zu haben.

In Folge einer Erbverbrüderung mit Pommern-Wolgast fällt Rügen nach dem Tod Witzlaws III., des letzten slawischen Stammesfürsten, erst an die Barther Linie, dann an die wiederverei-

nigte Küsten- und Oderregion. Die Kirchen bleiben dem dänischen Bistum Roskilde verpflichtet. Ob das Festland wußte, was es sich eingehandelt hatte?

Heinrich Laube hatte weit vorgelegt, nicht von seiner Zeit gesprochen: »*Gegen die Frauen waren diese Wenden keineswegs blöde, sie durften deren drei heurathen, und der Pantoffel war auf Rügen unbekannt: die erkaufte Frau war dem Manne leibeigen, eine Magd, sie durfte nicht mit am Tische essen und mußte dem Manne und seinen Gästen die niedrigsten Dinge verrichten.*«

Thomas Kantzow, im nahen Stralsund geborener Altmeister der pommerschen Geschichtsschreibung, beurteilt die Nachbarn: »*Wo die Rhugianer gehen oder reisen, haben sie einen Schweinespieß und einen Reutling an der Seite; wenn sie zur Kirchen gehen, setzen sie die Spieße vor die Kirchenthüre, einestheils nehmen sie die in die Kirchen mit, und sollen sie bisweilen, wenn sie aus den Kirchen gehen, oft ein Lärmen erheben. Gehen sie zur Kirchen, so seint sie gewappnet, gehen sie zur Hochzeit, so seint sie gewappnet, bringen sie einen Todten zu Grabe, so seint sie gewappnet.*« Und: »*Im ganzen Land Pommern wird in keinem Jahr so viel vom Adel und andere erschlagen, als allein in dieser kleinen Insel.*« Der Rüganer ist, immer noch mit Kantzow, dabei gleich so rechthaberisch, daß der Landvogt mit seinen Ältesten vom Adel jeden Samstag Gericht halten muß.

Nach der Reformation erhält der Grund und Boden besitzende Adel die Gerichtsbarkeit, die er in Zukunft dazu nutzt, um sich auf Kosten der Bauern kräftig zu bereichern. Der Großteil der Landbevölkerung wird in die Leibeigenschaft gepreßt, nach dem Dreißigjährigen Krieg – Rügen ist mit Vorpommern bei Schweden – breitet sich die Gutswirtschaft noch einmal aus. Rügener Voll- und Halbbauern, Doppelhüfner, Käter und Kossaten sind erst ab 1806/1810 freie Männer, zumindest halten sie sich jenseits der Datumsgrenze dafür. Den neuen Status verdanken sie nicht zuletzt Ernst Moritz Arndt, dessen eigener Vater mit viel Mühe und 80 Taler für den Loskauf den Weg vom Leibeigenen des Fürsten Putbus zum Pächter gegangen war. Arndts Frühwerk »Versuch einer Geschichte der Leibeigenschaft in Pommern und Rügen« (1803) macht ihn im Kreis der Besitzenden nicht populär, trägt jedoch zur Bauernbefreiung in Schwedisch-Pommern bei.

Davor und danach ist einiges passiert, im Überschlagen dicker Seitenbündel: Während des Schwedisch-Polnischen Kriegs landen Dänen hier und zerstören einige Orte, 1678 erobert der Große Kurfürst die Insel mit Hilfe einer dänischen Flotte, um sie im Frieden von St. Germain wieder zu verlieren. Im Nordischen Krieg nimmt der alte Dessauer den Schweden erneut Rügen ab, 1720 wird es auf 86 Jahre wiederum schwedischer Besitz. Nach erzwungener Franzosenzeit geht die Insel an Dänemark, seit 1815 sind Rügen und Hiddensee dann bei Preußen, das so ernsthaft wie erfolglos versucht, die großen Güter mit Hilfe eines Ansiedlungsge-

setzes aufzuteilen und zu besiedeln. Im Deutsch-Dänischen Krieg kommt es vor Hiddensees Nordspitze zum Seegefecht. Die Dänen gewinnen aufgrund ihrer Übermacht, was auf die Besitzverhältnisse an Land jedoch keinen weiteren Einfluß hat. Das Seegefecht vor Jasmund entscheiden Preußens Korvetten unter Kommodore Jachmann für sich.

Als dem Wiener Edward Duller im frühen 19. Jahrhundert neben »Kronen und Ketten« oder »Kaiser und Papst« auch die erste beschreibende Volkskunde über Deutschland aus der Feder fließt, nennt er die Rüganer *»das nicht allzu hohe, noch schön gebaute, aber breitschuldrige und kraftvolle Geschlecht mit scharf ausgeprägten Zügen, blauen Augen und hellem Haar, hartnäckig, das zu behaupten und durchzufechten, was jeder für sein Recht hält«*. Ein Menschenschlag, der Originale einfach hervorbringen muß. Unter ihnen der Politiker und politische Schriftsteller Arnold Ruge aus Bergen, der die inseltypische Haltung – hier: ein Eintreten für burschenschaftliche Verbindungen – mit einem Jahr Haft in Köpe-

Kurhaus in Binz. Das »Nizza des Nordens« gilt als größtes und vornehmstes Seebad Rügens. Seine Strandpromenade dominiert der dreiflügelige Jugendstilbau des Kurhausensembles (1906–08).

nick, fünf weiteren in Kolberg bezahlt. In die Frankfurter Nationalversammlung gewählt, vertritt Ruge mit rügenscher (pommerscher) Festigkeit Deutschlands äußerste Linke.

Unter den Rüganern, die dann reden oder von sich reden machen, sind der Historiker Hans Delbrück, der Chirurg Theodor Billroth und Hans Langsdorff, der als Kommandant des Panzerschiffes »Admiral Graf Spee« ein Kapitel maritime Geschichte schreibt. Der Orientalist Johann Gottfried Kosegarten verfaßt Werke wie »De Muhammede Ebn Batuta ejusque itineribus« und gibt als Professor in Greifswald Kantzows Pommersche Chronik heraus. Dem Inselgeist entspricht Franziska Tiburtius aus Bisdamitz: Die Gutspächtertochter geht im nahen Stralsund zur Schule, studiert in Zürich Medizin, was das rundherum männliche Reich Frauen noch verwehrt. Deutschlands erste Medizinerin – »*Mein Leben ist köstlich gewesen, denn es ist Mühe und Arbeit gewesen*« – praktiziert in einem tristen Berliner Arbeiterviertel ohne staatliche Zulassung, bevor sie in der Metropole die erste deutsche Frauenklinik eröffnet. Dort werden ausschließlich Ärztinnen angestellt.

Die Schweinespieß und Reutling tragenden Rüganer sind ruhiger geworden, ältere Zeiten nicht mit modernen zu vergleichen. Eisen- und kohlensäurehaltigen Quellen des Pfarrgartens im Dörfchen Sagard kommt bereits etwas wie ein früher Tourismus »zur Wiederherstellung der Gesundheit« zu. Gezielt wird die Insel allerdings erst ab 1804 entwickelt. Wilhelm Malte aus dem auf Rügen führenden Geschlecht derer von Putbus macht mit dem Bau des Friedrich-Wilhelm-Bads Lauterbach (ein Stadtteil von Putbus) zum ersten Badeort Rügens. Hier können sich Urlauber im Bade-, Schutzhaus oder im Schutze bedeckter Badekarren in *die kalte See stürzen,* danach im nahegelegenen Putbuser Kursalon des fürstlichen Parks dinieren. Zum weiteren Höhepunkt wird der Gang ins klassizistische Resi-

denztheater an der Alleestraße (in alten Reiseführern stand immer obenan, wo man gut essen und sich danach gut weiterbilden kann). Urlaub exklusiv: Für Exkursionen in die Umgebung stehen Fuhrwerke, für Damen Reitesel bereit.

Bevor der Urlaubsbesuch von Kaiserin Auguste Viktoria und den Prinzen Saßnitz im *Kaiserjahr* 1890 zum führenden Seebad für In- und Ausländer macht, hat ein von Landschaft, Meer und mildem Seeklima beflügelter Johannes Brahms hier im Hotel am Fahrenberg die 1. Sinfonie in c-Moll, op. 68 beendet. In Saßnitz sammelte der Kurgast Fontane Anregungen für seinen Roman Effi Briest.

Wenn Rügen seinem markigen Freiheitsdichter Arndt ausgerechnet auf dem Rugard das Denkmal setzte, so hatte es allen Grund dafür: Die Gegend ist rügenisch, wie sie das Herz des Pommern höherschlagen läßt, hier hatte sich des deutschen Nordens einziger Minnesänger Witzlaw III. einmal an Zeilen wie »*Lovbeere risen/ von den boymen hin tyu tal,/ des stan blot or este*« oder »*Se uben eren suzen scal/ vroliches hertzen uber al*« versucht. Wer immer sich dann dazu berufen fühlte, sollte die Kunst des letzten Rügenfürsten loben. Arndt dagegen war kein begnadeter Poet. Von Gottfried Benn wissen wir, daß sein Nachruhm trotzdem gerechtfertigt ist.

Ernst Moritz Arndt – »*kein Preuße von Geburt und Heimat, sondern ein Preuße von Meinung und Liebe*« – ist in Groß-Schoritz an Schoritzer Wiek und Greifswalder Bodden als Schwede geboren. Er studiert in der Musenstadt Greifswald und in Jena, wird Hauslehrer beim Pfarrer und Idyllendichter Ludwig Gotthard Theobul Kosegarten in Altenkirchen, bevor es ihn in die Welt hinaus treibt. Privatdozent und ordentlicher Professor für Geschichte und Philosophie, schreibt der noch eher schwedisch gesinnte pommersche Patriot einige Bücher, die bereits Spuren hinterlassen. In Greifswald wohnt er in der gleichen Straße wie später Bis-

marck, der seine Fragen – darunter jene nach dem deutschen Vaterland – eines Tages beantworten sollte.

Ohne Sinn für das freiwillige Martyrium flüchtet Arndt vor dem *erhabenen Ungeheuer* Napoleon nach Schweden. Dort gibt er – »*Teutsches Herz, verzage nicht!*« – eine Zeitung mit unzweifelhafter Haltung heraus. Dazu trommelt der Pommer, inzwischen einer der bekanntesten publizistischen Gegner des Korsen, dekatente Landsleute wach: »*Jetzt ist die Zeit gekommen, wo Ihr Euch zu dem Sinn einer Nation ... erheben müßt, wo Ihr alle für einen und einer für alle zusammenstehen müßt.*« 1810 zieht es Arndt, trotz der Gefahr, dort »*eingefangen und wie ein toller Hund von den Welschen niedergeschossen zu werden*«, nach Berlin. Zwei Jahre später ist er Mitarbeiter des Freiherrn vom Stein im russischen St. Petersburg.

»*Und rufet alle Mann für Mann/ Die Knechtschaft hat ein Ende*« ... ganz Deutschland scheint Arndt zuzuhören, wenn er in Schriften und Liedern gegen Napoleon zu Felde zieht. Der Rüganer ist berühmt, wird noch berühmter. Seine Feder trägt zum Aufkeimen des neuen politischen Bewußtseins bei, fördert allerdings auch – »*Zur Hölle mit den wälschen Affen*« – jenen antifranzösischen Nationalhass, zu dem etwa Goethe kritische Distanz behielt. Nicht ungestört bleiben Deutschlands Fürsten, fragt der Dichter mit Yorck von Wartenburgs Preußen auf dem Weg nach Westen doch ein für alle Mal: »*Was ist des Deutschen Vaterland?/ So nenne mir das große Land!/ Ist's, was des Fürsten Trug zerklaubt?/ Vom Kaiser und vom Reich geraubt?/ O nein, nein, nein!/ Sein Vaterland muß größer sein!*« Eine Formel, an die Adel und Unedel anknüpfen können. Als Arndt in Breslau seine »Fantasien für ein künftiges Teutschland« zusammenfaßt, stellt er jenen Wechsel auf die Zukunft aus, der bei der Reichsgründung teilweise eingelöst wird. Der Pommer stirbt im Ja-

Kloster auf Hiddensee. Im Bereich des 1534 säkularisierten Zisterzienserbesitzes wird Kloster aus zwei Ortschaften gebildet. Bekanntester Stammgast ist Schlesiens Klassiker Gerhart Hauptmann, den Hiddensee immer wieder magisch anziehen sollte.

nuar 1860 in Bonn, wo er auf dem Alten Friedhof beigesetzt wird.

Nebeninsel und Wellenbrecher Rügens ist Hiddensee, tatsächlich eine Landmasse und keine See, auch wenn die Sturmflut Hauptmanns *söte Länneken* hin und wieder einmal durchbrochen hat. Auf Hiddensee gibt es mit dem alten Fischerdorf Vitte nur eine größere Ortschaft, mit Kloster nur ein einziges wirkliches Seebad, dazu Neuendorf speziell für Touristen, seitdem die Fischerei dort an Bedeutung verloren hat. Es gibt fischessende Hiddenseer, deren Antipathie dem *»Kalbfleisch und den Putbusern«* gilt. Und: *»Es wird erzählt, daß die Frauenzimmer das Recht haben, den Mann, der ihnen gefällt, selbst anzusprechen. ›Na ehn' utstellen‹ (nach einem ausstellen) wie sie sich ausdrücken«* (Laube). 1850 ist in Jahns Illustriertem Reisebuch noch nachzulesen: *»Die dortigen Bewohner leben armselig, von der Fischerei das Leben fristend, in elenden Torfhütten.«*

Nachdem eine Fischersfrau nach einer Sturmflut am Strand bei Neuendorf scheinbar wertloses Metall aufgelesen hat, wird zwischen 1872 und 1874 hier Goldschmuck aus Wikingertagen gefunden: ein Halsring, ein Halsgehänge und eine Scheibenfibel darunter. An der wirtschaftlichen Lage der Insulaner ändert sich nichts. Während Nachbildungen des Hiddenseer Goldfunds bald das Reich überschwemmen, bleibt die Insel was sie ist. Ein Mekka für Ornithologen, ein Paradies für Maler und Dichter, etwa das, was Ostpreußen mit Nidden besitzt.

Bekanntester Stammgast ist der Dramatiker und Erzähler Gerhart Hauptmann aus dem schlesischen Obersalzbrunn. 1885 zum erstenmal hier, wird Schlesiens Klassiker von Hiddensee immer wieder magisch angezogen. Im Gasthaus in Vitte schreibt er an der »Versunkenen Glocke«, im eigenen Dichterhaus an der »Iphigenie in Delphi«. »Gabriel Schillings Flucht« spielt auf Hiddensee. Nach seinem Tod von Agnetendorf im Riesengebirge auf die

Ostseeinsel überführt, wird Hauptmann 1946 von Hiddenseer Fischern zu Grabe getragen. An den Nobelpreisträger, mit Werken wie »Die Weber« oder »Der Biberpelz« bedeutendster Dramatiker der naturalistischen Generation, erinnert in Zukunft Haus Seedorn in Kloster.

Meereslandschaften, Sommerfrischen und Luftkurorte, Wieken und Nehrungen, Säbelschnäbler, Pfeifenten, Kraniche, Komorane und etwas, das sie die Zickerschen Alpen nennen. Geschichte legt keine Pausen ein. Nach dem Zweiten Weltkrieg ist Rügen erneut klassisches Ferienziel, eines der beliebtesten im Staat der Arbeiter und Bauern.

Ziel mancher Wanderung ist mit dem sagenverklärten Königsstuhl der berühmteste Kreidevorsprung der Stubbenkammer. Als Taufpate gilt der Überlieferung nach Schwedens König Karl XII., der 1715 den Felsen von der Seeseite her bestieg, dann aus luftiger Höhe (immerhin 117 m) eine Seeschlacht zwischen seiner Flotte und dänischen Schiffen beobachtet, sich dazu in einen bereitgestellten Sessel gesetzt haben soll. Wenn die Geschichte wahr ist... aber höchstwahrscheinlich stimmt sie wegen der Realität des Kletterziels ohnehin nicht.

Skepsis ist auch anderweitig angebracht: Unweit des Königsstuhls liegt ein großer, abgeflachter Granitblock, im Volksmund nur Waschstein genannt. Alle sieben Jahre zu Johanni (24. Juni) wiederholt sich hier bei Tagesanbruch das gleiche Spiel: Eine verwunschene Jungfrau *»an Schönheit sondergleichen/ Wie nimmer Augen sahn/ Mit goldner Kron und reichen/ Gewändern angetan«* erscheint aus dem Nichts, um im Waschstein ihre Kleider zu waschen. Wer sie sieht und *»Guten Tag, Gott helfe«* ruft, erlöst sie aus ihrem Bann, um dafür fürstlich entlohnt zu werden. Unter denen, die sie sahen, die Losung aber nicht kannten oder vergessen hatten, war der Dichter Adalbert von Chamisso.

Gerhart Hauptmann (1862–1946). Der bedeutendste Dramatiker der naturalistischen Generation erwirbt 1929 das »Haus Seedorn« in Kloster. Hier wird er 1946 auf dem Inselfriedhof beigesetzt.

Zeittafel

UM 200 V. CHR. Im Raum zwischen Oder und Persante siedeln Burgunder, Goten stoßen aus Skandinavien ins Weichselgebiet, von dort nach Ostpommern vor. Das spätere Vorpommern im Besitz der Sweben.

3.–6. JHDT. Abwanderung ostgerman. Stämme, Nachzug von Elb- und Ostsee-Slawen (Pomoranen, Liutizen, Kaschuben, Ranen).

936 Mgf. Gero unterwirft die Wenden der Elbmark (zwischen unterer Elbe und unterer Oder).

AB 950 Wikinger legen den Handelsplatz Wollin (Jomsburg) an.

UM 979 Ibrahim Ibn Jakub, Gesandter des Kalifats Córdoba, macht in Pommern eine Hafenstadt mit zwölf Toren und einem Heer, das allen Völkern des Nordens überlegen ist, aus (Vineta?).

995 Polenhzg. Boleslaw I. unterwirft das pomoran. Siedlungsgebiet.

10.–12. JHDT. Herausbildung staatsähnlicher Verhältnisse, Aufstieg des westslaw. Greifengeschlechts in Hinterpommern. Odermündungsgebiet (Burgen in Stettin und Cammin) Zentrum des Herzogtums.

UM 1000 Akt von Gnesen, Kolberg Bischofssitz. Frühpiastische Blütezeit.

1019 Dänenkg. Knut »der Große« besiegt die Wenden.

1028 Thietmar von Merseburg berichtet von der magna civitas Luibni, dem späteren Lebbin im Kreis Usedom-Wollin.

1046 Pommernhzg. Zemuzih Vasall Ks. Heinrichs III. Warthe und Netze Grenze zwischen Pommern und Polen.

1076 Adam von Bremen nennt Vineta (Jumne) in seiner Kirchengeschichte die größte Stadt, die Europa birgt.

1091 Castrum Stettin als Burg und Handelsplatz erwähnt.

1098 Dänen zerstören die Jomsburg auf Wollin.

1120–22 Polenhzg. Boleslaw III. erobert Stettin. Wartislaw I. erhält Pomm.-Stettin (Slavia) als Vasall Polens.

1124 1. Missionsreise Bischof Ottos von Bamberg (der Heilige). Wartislaw I. nimmt das Christentum an.

1124–55 Ratibor I. regiert die Burgbezirke Schlawe und Stolp.

1128 2. Missionsreise Ottos von Bamberg, Christianisierung Pommerns nach dem Landtag zu Usedom.

1135 Boleslaw III., Vasall Kg. Lothars von Sachsen, nimmt Rügen und Pommern als Lehen. Wartislaw I. bei Grüttow erschlagen.

1138 Pommern entledigt sich der poln. Oberhoheit.

1140 Papst Innozenz II. erklärt Wollin zum Sitz des Bistums Pommern, Adalbert erster Bischof. Das westl. Vorpommern im Bistum Schwerin.

1147/48 Wendenkreuzzug, Belagerung von Stettin und Demmin.

Otto (um 1060–1139), Bischof von Bamberg und Pommernapostel (1186 heiliggesprochen).

1153–78 Gründung der Klöster Stolpe, Grobe und Kolbatz.

1164 Heinrich »der Löwe« belehnt die Pommernherzöge Bogislaw I. und Kasimir I.

1168 Dänenkg. Waldemar I. erobert Rügen, die ranischen Fürsten Lehnsleute der dän. Könige (bis 1325).

1170 Helmold von Bosaus Slawenchronik erwähnt eine mysteriöse Stadt, die von einer Flotte zerstört wurde (Vineta?).

1176 Cammin anstelle Wollins Bischofssitz.

1180 Gründung des Prämonstratenserklosters Belbuck bei Treptow.

1181 Friedrich I. (Barbarossa) belehnt Hzg. Bogislaw I. mit dem westl. Pommern, Eingliederung in den röm.-dt. Reichsverband.

1184 Seeschlacht im Greifswalder Bodden: Absalon von Roskildes dän. Flotte vernichtet Pommerns Aufgebot. Bogislaw erkennt den Dänenkg. als Lehnsherrn an. Pommern bis 1227 von Dänemark abhängig.

1187 Gründungsbau der St. Jakobikirche in Stettin.

1191 Villa Teutonicorum (Hohenkrug) erste dt. Siedlung östl. der Oder.

1193 Fertigstellung des Nonnenklosters in Bergen (ab 1250 nach den Regeln der Zisterzienser geführt).

1199 Zisterzienser aus Dargun gründen die Abtei Eldena (Hilda).

12.–14. JHDT. Germanischdeutsche Besiedlung Pommerns.

1226 Konrad von Masowien bittet den Deutschen Orden um Hilfe gegen die Prussen.

1226–78 Barnim I. Vasall der brand. Markgrafen.

1227 Schlacht bei Bornhöved beendet dän. Vormachtstellung im Ostseeraum. Das Fürstentum Rügen weiterhin unter dän. Oberhoheit.

1231 Ks. Friedrich II. spricht den brand. Markgrafen die Oberlehnshoheit über Westpommern zu. Stiftung des Klosters Neuenkamp.

1234 Tempelherren erhalten das Land Bahn (ab 1333 bei Pommern). Der rügensche Fürst Witzlaw I. verleiht Stralsund das Stadtrecht.

1236 Vertrag von Kremmen: Wartislaw III. erkennt die Oberhoheit

der askan. Markgrafen an, an die er das Land Stargard abtritt.

1250 Gründung des Johannisklosters in Stralsund durch Franziskaner. Greifswald mit lüb. Stadtrecht.

1250–60 Die askan. Markgrafen erwerben und besiedeln Uckermark und Neumark.

1260 Baubeginn der Greifswalder St. Marienkirche. Gründung des Klosters Buckow.

1269 Mestwin II. trägt den Markgrafen seine Erbländer zu Lehen an.

1273–75 Krieg zwischen Pommern und Brandenburg.

1278 Weinbau in Pommern erstmals bezeugt. Stettin Mitglied der Hanse.

1280 Brandenburg erwirbt Schiuelben, das Land Schivelbein.

1286 Der Templerorden erhält das Land Draheim/Tempelburg im Einzugsgebiet der oberen Drage (ab 1312 im Besitz der Johanniter).

1293 Lübeck, Wismar, Rostock, Greifswald und Stralsund schließen sich zum Schutzbund (Hansebund der wendischen Städte) zusammen.

1295 Teilung Pommerns: die Küstenregion Pomm.-Wolgast mit Demmin und Anklam unter Bogislaw IV., die Oderregion Pomm.-Stettin unter Otto I. (1478 erneut vereinigt).

1296 Gründung des Klosters Hiddensee.

AB 1300 Polen entwickelt sich zur Großmacht.

1307 Das Stolper Land (zwischen Leba und Nestbach), Schlawe und Lauenburg gehen an Brandenburg.

1309 Soldiner Vertrag: Der Ritterorden kauft den brand. Markgrafen Pommerellen (ohne Stolp und Schlawe) für 10 000 Mark Silber ab.

1310 Der Burgflecken Stolp (Slupz, Zlup) und Neustettin mit lüb. Stadtrecht.

1312 Der Ritterorden erwirbt das Land Schlochau. Gründung von Rügenwalde.

1317 Verzicht Brandenburgs auf die Bezirke Rügenwalde, Stolp und Schlawe zugunsten Pommerns.

1323 Pommern gewinnt nach dem Aussterben der brand. Askanier einen Großteil der Uckermark zurück und stellt die Lehensabhängigkeit zur Mark infrage. Brandenburg unter den Wittelsbachern.

1325 Erbfolgekrieg nach dem Aussterben des Hauses Rügen-Barth zwischen Pommern und Mecklenburg, Frieden zu Brüdersdorf. Das Fürstentum Rügen bei Pomm.-Wolgast.

1329 Das Land Bütow beim Ritterorden.

Stettiner Siegel nach der Verleihung des Magdeburger Stadtrechts (1243).

1332 Errichtung der Ordenskomturei Schlochau (1348 mit Kulmer Stadtrecht).

1334 1. Schlacht am Kremmer Damm. Pommern schlagen ein märkisches Heer in die Flucht.

1335 Frieden von Wissegrod: Kassimir von Polen verzichtet auf Pommern zugunsten des Ritterordens, Ablehnung durch Polens Stände.

1338 Pomm.-Stettin erhält die Reichsfreiheit unter Vorbehalt der Erbanwartschaft Brandenburgs.

1343 Vertrag von Kalisch: Polen entsagt, durch Papst Clemens VI. vermittelt, Ansprüchen auf Pommerellen und das Kulmerland.

1344–68 Barnim III. von Pomm.Stettin, Bündnis mit Polen gegen Brandenburg.

1346 Der Ritterorden gründet Bütow nach Kulmer Recht. Gründungsbau des Stettiner Herzogsschlosses.

1348–51 Knapp ein Drittel der Pommern Opfer der Pest.

1354 Vertrag von Oderberg: Pommern erwirbt die östl. Uckermark. Preußisch-Friedland am Ufer der Dobrinka mit Kulmer Stadtrecht.

AB 1361 Krieg der Kölner Konföderation (Hanse) gegen Waldemar IV. Atterdag von Dänemark. Die verbündeten Städte erobern Kopenhagen, Helsingborg und Schonen. Frieden von Stralsund (1370). Blütezeit der Hanse (bis 1500).

1362 Ks. Karl IV. heiratet Elisabeth von Pomm.-Stolp, Aufhebung des brand. Erbanfallrechts.

1363 Vollendung der Lauenburg

Das große Wappen der Herzöge von Pommern, wie es während des Erbvergleichs zwischen Pommern und Brandenburg (1529) festgelegt wird. Neben dem Löwen des Fürstentums Rügen (Mitte) und dem schrägen Kreuz der Grafschaft Gützkow zeigen alle Wappenfelder das Fabeltier Greif.

durch den Ritterorden. Stargard Mitglied der Hanse.

1367 2. Krieg der Hanse gegen Dänemark.

1368 Bogislaw V. verleiht Stolp das Münzrecht. Brandenburgs Otto »der Faule« überläßt Polen das Kroner Land zwischen Drage und Küddow.

1383 Johanniter erwerben Pansin.

1384/85 Der Ritterorden erwirbt die Länder Schivelbein und Tuchen/Kreis Bütow.

1386–1435 Kasimir V. von Pomm.Stettin Parteigänger der Ordensritter, Gegner Brandenburgs.

1389 Erich von Pomm.-Stolp Kg. der Nordischen Reiche (Dänemark, Schweden und Norwegen).

1390 Baubeginn der Deutschordensburg Bütow.

1395 Hammerstein, als Grenzburg des Ritterordens angelegt, erhält Kulmer Stadtrecht.

1402 Die Neumark Pfandbesitz des Ritterordens. Kenz Wallfahrtsort.

1410 Polen und Litauer besiegen den Ritterorden bei Tannenberg.

1412 Kampf um die Uckermark: Pommern besiegt Brandenburg in der 2. Schlacht am Kremmer Damm.

1415/17 Belehnung Kf. Friedrichs I. von Hohenzollern mit Brandenburg.

1419–22 Krieg zwischen dem Ritterorden und Polen-Litauen, Deutsch-Krone von Ordensrittern eingeäschert.

1420 Pommern unterliegt Brandenburg bei Angermünde und verliert die Uckermark (seit 1354 im Besitz Pommerns).

1433 Hussiten und Polen verwüsten Teile der Neumark und des Schlochauer Landes.

1445 Niederlage der Brandenburger vor Pasewalk. Großer Stadtbrand in Bergen.

1454–66 Dreizehnjähriger Städtekrieg: Erhebung des Preuß. Bundes, Eingreifen Polens. Sieg des Ritterordens bei Konitz, Niederlage bei Zarnowitz. Danzig erobert Lauenburg und Bütow.

1454–1523 Bogislaw X., Stettin ständige Residenz des Herzogs und Sitz staatlicher Ämter.

1455 Der Ritterorden verpfändet die Neumark an Kf. Friedrich II.

1456 Gründung der Universität Greifswald.

1459 Pomm.-Wolgast nach dem Tod Erichs I. mit Pomm.-Stolp vereinigt.

AB 1464 Stettiner Erbfolgestreit nach dem Tod Ottos III. Kf. Friedrich II. von Brandenburg fordert Stettin als heimgefallenes Lehen. Im Frieden von Soldin fällt Pomm.-Stettin an Pomm.-Wolgast.

1466 2. Friede von Thorn: Ende der Großmachtstellung der Ordensritter. Pommern nimmt Bütow und Lauenburg als poln. Lehen.

1478 Hzg. Bogislaw X. vereint Pommern unter seiner Hand (ab 1532 erneut geteilt).

UM 1500 Wirtschaftliche Lage in Ostpommern erzwingt Bauernflucht in den Danziger Raum.

1518 Bugenhagen verfaßt Pommerns erste Geschichte (»Pomerania«).

1521 Reform. Predigten in Stettin, Stargard, Stolp und Köslin. Johannes Knipstro vertritt Luthers Lehre in Pyritz.

1529 Vertrag von Grimnitz: Brand. Kurfürsten verzichten auf Lehnsansprüche zugunsten der Eventualerbnachfolge.

1532 Erbteilung in das Hzgt. Stettin (Barnim IX.) und Hzgt. Wolgast (Philipp I.) nach Bogislaws Tod. Pomm. Reiter und Fußsoldaten schließen sich Kg. Ferdinands Türkenzug an.

1533–35 Bugenhagen übersetzt die Lutherbibel ins Plattdeutsche. Der Landtag von Treptow/Rega beschließt die Einführung der Reformation (1534). Bugenhagen veröffentlicht die neue Pommersche Kirchenordnung.

1539 Neugründung der (lutherischen) Universität Greifswald mit sechs Lehrern und 88 Studenten. Knipstro Superintendent.

1544 Gründung der Fürstenschule (Pädagogium, später Regium Gymnasium Carolinum) in Stettin.

1553 Philipp I. von Pomm.-Wolgast gibt den »Croy-Teppich« in Auftrag.

Johannes Bugenhagen. Pommerns Reformator schreibt eine Landesgeschichte und überträgt die Bibel ins Plattdeutsche.

AB 1560 Absinken des bäuerlichen Stands in die Leibeigenschaft. Abwanderung von Bauern nach Polen. Verstärkter Handelskrieg an den Küsten unter Verletzung von Pommerns Neutralität.

1572 Bankrott des Stettiner Handelshauses Loitz, Wirtschaftskrise.

AB 1575 Umbau des Stettiner Schlosses zur Residenz im Renaissancestil, Fertigstellung der Schloßkirche, Pommerns erstem ev. Kirchengebäude (1577).

1587 Gründung von Franzburg (für Künstler, Kaufleute und Gewerbetreibende) auf dem Gelände des Klosters Neuenkamp.

1588 In der Fürstl. Hofdruckerei Barth erscheint die niederdeutsche Barther Bibel.

AB 1600 Abwanderung ev. Bauernfamilien nach Pommerellen, auch 2. deutsche Ostwanderung genannt.

1616 Verschärfung der Leibeigenschaft durch rechtl. Anerkennung des Bauernlegens im Hzgt. Stettin (1645 im Hzgt. Wolgast).

1618 Das Hzgt. Preußen durch Erbschaft (als Lehen Polens) bei Brandenburg.

1618–48 Dreißigjähriger Krieg: Pommern Quartierplatz von Kaiserlichen, Brandenburgern und Schweden. Kapitulation von Franzburg: Pommern quartiert 22 000 Kaiserliche zum Schutz gegen Schweden ein (1627), Besetzung durch Wallenstein (1627–31), vergebliche Belagerung Stralsunds (1627/28). Gustav II. Adolf von Schweden landet auf Usedom (1630) und besetzt Pommern.

1637 Tod Bogislaws XIV. beendet Pommerns Eigenstaatlichkeit. Bütow und Lauenburg gehen als erledigte Lehen an Polen zurück.

1640–88 Friedrich Wilhelm, der Große Kurfürst. Aufstieg Brand.-Preußens.

Friedrich Wilhelm. Der Westfälische Frieden spricht dem Großen Kurfürsten Hinterpommern zu, auf Vorpommern mit Stettin muß er verzichten.

Pommernherzog Bogislaw XIV. (1580–1637), der letzte im Mannesstamm des Greifenhauses.

1643 Johann Printz, Gouverneur von Neu-Schweden, landet mit 54 pomm. Familien in der Neuen Welt.

1648 Westfälischer Frieden: Vorpommern mit Stettin, Rügen, Usedom und Wollin im Besitz Schwedens, das restliche Pommern mit Ausnahme Lauenburgs und Bütows bei Brandenburg. Stargard Sitz der brand. Behörden (ab 1653).

1655–60 2. Schwedisch-Polnischer Krieg: Plünderung Stettins, Stolps, Pasewalks, Anklams und Stargards.

1656 Vertrag von Labiau: Anerkennung des brand. Kurfürsten als Hzg. von Preußen.

1657 Bromberger Vertrag: Friedrich Wilhelm erhält vom poln. Kg. das Lauenburger und Bütower Land als Dank für geleistete Waffenhilfe (1668 dazu die Starostei Draheim/Tempelburg als erledigtes Lehen).

1660 Frieden von Oliva: Brand.-Preußen wird souverän.

1672–79 Koalitionskrieg: Der Große Kurfürst besiegt Schweden bei Fehrbellin (1675), erobert das schwed.-pomm. Stettin, Rügen,

Greifswald und Stralsund, muß im Frieden von St. Germain auf Vorpommern verzichten.

1685 Potsdamer Edikt: Brand.-Preußen nimmt aus politischem Kalkül franz. Glaubensflüchtlinge auf.

1688–1713 Kf. Friedrich III. von Brandenburg, seit 1701 als Friedrich I. König »in« Preußen.

1700–1721 Nordischer Krieg, ab 1713 mit Beteiligung Brand.-Preußens: Pommern und Pommerellen Kriegsschauplatz, Zerstörung von Gartz/Oder und Wollin, Eroberung Stettins (1713) und Stralsunds (1715). Frieden von Stockholm: Friedrich Wilhelm erwirbt Vorpommern mit Stettin, Usedom und Wollin für den »gerechten Preis« von 2 Mio. Taler. Rußland löst Schweden als Großmacht im Ostseeraum ab.

1713–40 Friedrich Wilhelm I. Kg. von Preußen, Begründung des preuß. Militär- und Beamtenstaats. Ausbau Stettins zum preuß. Seehafen.

1723 Umzug der Regierung von Stargard nach Stettin.

1732 Stettin erhält Preußens erste Lehrerbildungsanstalt.

1740–86 Friedrichs II. Kg. von Preußen. Rivalität zwischen Brand.-Preußen und Österreich (bis 1866). Abschaffung der Folter.

1747 Swinemünde preuß. Seehafen. Anlage der Pfälzersiedlung Augustwalde (1939 eingemeindet in Stettin).

1748 Schutz der Bauern vor dem Bauernlegen.

König Friedrich Wilhelm III. von Preußen (1797–1840) verliert in Tilsit sein halbes Staatsgebiet.

1752 Friedrich II. richtet im (Münz)Flügel des Stettiner Schlosses eine Münzanstalt ein.

1753 Die »Pommersch-Rügianischen Intelligenzen« erste Zeitung Greifswalds. Die Eisenhüttenwerke Torgelow Pommerns erster Industriebetrieb.

1756 Friedrich befiehlt den Anbau der Kartoffel in Pommern.

1756–63 Siebenjähriger Krieg. Friede von Hubertusburg.

1765 Der Graveur Johann Caspar Kern erhält die alleinige Konzession, in Stralsund Spielkarten herzustellen.

1786 Gründung der »Militärischen Schützenbrüderschaft« in Wangerin mit Nachahmungen in ganz Deutschland.

1786–97 Friedrich Wilhelm II. Kg. von Preußen.

1795 3. Poln. Teilung und Auflösung Polens.

1797–1840 Friedrich Wilhelm III. Kg. von Preußen.

1801/02 Rügenwanderungen Caspar David Friedrichs.

1806–13 Krieg Napoleons gegen Preußen, Niederlage bei Jena und Auerstedt, Besetzung Pommerns. Verteidigung Kolbergs bis zum Frieden von Tilsit. Oktoberedikt zur Bauernbefreiung, Blücher Generalgouverneur von Pommern und der Neumark (1807). Rußlandfeldzug (1812). Dt. Befreiungskriege. Franzosen räumen Schwedisch-Pommern (März 1813), Übergabe Stettins (Dezember 1813).

1814 Rügenwaldermünde erstes Ostseebad Pommerns.

1814/15 Wiener Kongreß. Pommern vereinigt, bis 1932 gilt der Reg.-Bzk. Stralsund (die Kreise Greifswald Stadt und -Land, Grimmen, Rügen und Franzburg-Barth) als Neuvorpommern.

Friedrich II. »der Große«, König von Preußen (1740–86).

1815–18 Neuordnung Preußens bringt die neumärk. Kreise Schivelbein und Dramburg in Pommern (die Reg.-Bzk. Stettin, Stralsund und Köslin) ein.

1817 Einführung der Union (der lutherischen und reformierten Kirche).

1818–23 Bau der Swinemünder Molen.

1819 Kosegarten gibt in Greifswald Kantzows niederdeutsche »Pomerania, Ursprunck, Aldtheitt und Geschicht der Volker und Lande Pommern« heraus.

1824 Badebetrieb auf Usedom mit dem Bau der Badeanstalt Heringsdorf. Saßnitz Badeort.

1839 Bernhard und Otto von Bis-marck übernehmen die Verwaltung der väterlichen Güter in Pommern. Altlutheraner unter Pastor Krause und Hauptmann von Rohr gründen Freye Stätte/Freistadt in Wisconsin/USA.

1840–61 Friedrich Wilhelm IV. Kg. von Preußen.

1840–1910 Pommern verliert 744 100 Bewohner durch Abwanderung.

1847 Bismarck heiratet Johanna von Puttkamer. Hungerunruhen nach Verdopplung der Kartoffelpreise.

1848/49 Revolution, vorläufiges Scheitern eines dt. National- und Verfassungsstaats. Auf dem Dänholm entsteht der erste dt. Kriegshafen.

1851 Zinnowitz erhält die Erlaubnis zum Badebetrieb. Gründung der Maschinenbau AG Vulkan in Bredow bei Stettin.

1852 Pompe schreibt das Pommernlied »Wenn in stiller Stunde«.

1858 Virchow begründet die Zellularpathologie. Pommern wandern nach Brasilien aus.

1861–88 Wilhelm I. Kg. von Preußen, seit 1871 dt. Ks.

1862–90 Bismarck preuß. Ministerpräsident, ab 1871 Reichskanzler.

1864 Deutsch-Dänischer Krieg.

1865/68 Paul Heyse schreibt das Schauspiel »Kolberg«.

1866 Deutscher Krieg. Choleraepidemie in Stettin.

1867 Bismarck erwirbt Rittergut Varzin im Kreis Rummelsburg.

1870/71 Deutsch-Französischer Krieg, Gründung des (zweiten) Deutschen Reiches.

1874 Stephan gründet den Weltpostverein. Baubeginn der Kaiserfahrt Stettin-Swinemünde.

1876 Tiburtius erste deutsche Ärztin. Brahms in Saßnitz.

1888–1918 Wilhelm II. dt. Ks. und Kg. von Preußen.

1897/98 Eröffnung der Postdampferlinie Saßnitz-Trelleborg und des Stettiner Freihafens.

1905 In der Vulkanwerft läuft im Beisein des Kaiser-Ehepaares die »Kaiserin Auguste Viktoria« vom Stapel.

1909 Eröffnung des »Eisenbahndampffährverkehrs« Saßnitz-Trelleborg (Königslinie).

Otto Fürst von Bismarck (1815–98), preußischer Ministerpräsident und deutscher Reichskanzler.

1910 Ks. Wilhelm zur 600-Jahr-Feier in Stolp.

1914 Eröffnung des Großschifffahrtsweges Berlin-Stettin.

1914–18 Erster Weltkrieg, Pommern von Kampfhandlungen verschont.

1918 Zusammenbruch der Mittelmächte, Novemberrevolution, Deutschland parl.-demok. Republik, Preußen weiterhin Freistaat. Wiedererstehen Polens.

1919/20 Vertrag von Versailles. Fast das ganze Posener Land und Westpreußen gehen an Polen, Danzig Freistaat. Pommern verliert geringe Landesteile, wird Grenzprovinz. Ostpreußen durch den Poln. Korridor vom Reich getrennt.

1928 Wirtschaftskrise, Stilllegung der Vulkan- und Ostseewerft in Stettin.

1929 Döblins Hauptwerk »Berlin-Alexanderplatz« erscheint.

1930 Gerhart Hauptmann erwirbt

Haus Seedorn auf Hiddensee. Gründung des Künstlerkreises »das neue pommern« in Stettin.

1932 Franz von Papens Preußenschlag: Ende der polit. Selbständigkeit Preußens.

1933 Machtantritt der Nationalsozialisten. Benennung der Greifswalder Universität nach Ernst Moritz Arndt.

1934 Abschluß des dt.-poln. Nichtangriffspakts.

1935 Dietrich Bonhoeffer leitet das illegale Predigerseminar der Bekennenden Kirche in Finkenwalde bei Stettin.

1936 Poln. Einschränkungen im Durchgangsverkehr zwischen Ostpreußen und Reich. Peenemünde/Kreis Usedom-Wollin Heeresversuchsstation. Fertigstellung des Rügendamms (1945 teilweise gesprengt).

1937 Baubeginn des KdF-Seebads Rügen in Prora.

1938 Auflösung der Provinz Grenzmark Posen-Westpreußen (seit 1922), Eingliederung der Kreise Flatow, Deutsch-Krone, Schlochau, des Netzekreises, der nordmärk. Kreise Arnswalde und Friedeberg und der Stadt Schneidemühl in Pommern, jetzt mit der größten Ausdehnung seiner Geschichte.

1939 Dt.-sowjet. Nichtangriffspakt. Pommern zählt 2 393 844 Einwohner. Fertigstellung der Autobahn Berlin-Stettin. Schaffung von Groß-Stettin durch Eingemeindungen.

1939 – 45 Zweiter Weltkrieg. In Peenemünde wird die erste »Weltraumrakete« gezündet (1942).

Dietrich Bonhoeffer (1906 – 45), Theologe und Widerstandskämpfer.

1943 Der dt. Flugzeugträger »Graf Zeppelin« in Stettin (1945 selbstversenkt). Die RAF greift Peenemünde und Anklam an.

1944 Luftangriffe auf Stettin (28./30.8.) und Stralsund (6.10.).

1945 Pommern Brückenkopf für Millionen von Flüchtlingen. Ein Luftangriff auf Swinemünde fordert knapp 25 000 Todesopfer (12.3.), die 2. sowjet. Stoß-Armee stürmt Stettin (26.4). Das Potsdamer Abkommen teilt Pommern entlang der Oder-Neiße-Linie, der östl. von Oder und Swine gelegene Teil (entgegen den Vereinbarungen auch Swinemünde und Stettin) unter vorläufiger poln. Verwaltung. Vorpommern in der sowjet. Besatzungszone (Land Mecklenburg).

1945 – 48 Systematische Vertreibung der über der Oder-Neiße-Linie verbliebenen dt. Bevölkerung, Zwangsansiedlung von Polen.

1947 Auflösung des preuß. Staats (»ein Hort des Militarismus und der Aggression«) durch Kontrollratsbeschluss.

1948 Gründung der Pommerschen Landsmannschaft in den westl. Besatzungszonen. Baubeginn der Volkswerft Stralsund.

1950 Görlitzer Abkommen: Die DDR erkennt die Oder-Neiße-Linie als endgültige Grenze Deutschlands an. Gründung der Pommerschen Zeitung als Organ der Landsmannschaft.

1955 Anerkannten Deutschen auf poln. Staatsgebiet wird über die Familienzusammenführung die Ausreise ermöglicht.

1958 – 85 Wiederaufbau des Stettiner Schlosses nach Vorlage eines Merian-Stichs von 1653.

1970 Vertrag zur Normalisierung der gegenseitigen Beziehungen zwischen Warschau und Bonn. Faktische Anerkennung der Oder-Neiße-Grenze.

1989 Völkerherbst, Zerfall der kommunistischen Regime in Ost- und Mitteleuropa.

1990 Deutsch-polnischer Grenzvertrag bestätigt die bestehenden Grenzen. Mecklenburg-Vorpommern dt. Bundesland.

1991 Deutsch-polnischer Vertrag über gute Nachbarschaft und freundschaftliche Zusammenarbeit.

1994 Beisetzung der Gebeine Heinrich Georges auf dem Waldfriedhof Berlin-Zehlendorf.

1995 Bildung der Euroregion Pomerania, die sich über drei Ländergrenzen erstreckt.

2002 In der Diskussion um die Bezeichnung eines gemeinsamen Bundeslandes Berlin-Brandenburg fällt der Name Preußen.

In Pommern zuhause

Katharina II. »die Große«

Sophie Auguste Friedericke von Anhalt-Zerbst (1729 Stettin – 1796) Prinzessin, seit 1764 als Katharina II. Zarin von Rußland

Ernst Moritz Arndt (1769 Groß-Schoritz – 1860) Schriftsteller, Dichter und Politiker

Ernst Moritz Arndt

Heinrich Bandlow (1855 Tribsees – 1933) Lehrer und Dialektschriftsteller

Max Berg (1870 Stettin – 1947) Architekt

Theodor Christian Albert Billroth (1829 Bergen – 1894) Chirurg

Werner von Blomberg (1878 Stargard – 1946) Generalfeldmarschall und Reichswehrminister

Sidonia von Bork (auch Borcke 1536 – 1620) Nonne

Johann Christian Brandes (1735 Stettin – 1799) Schriftsteller

Theodor C.A. Billroth

Arthur Brausewetter (1864 Stettin – 1946) Pfarrer und Schriftsteller

Hans Bredow (1879 Schlawe – 1959) Rundfunkpionier

Ludwig Wilhelm Brüggemann (1743 Jacobshagen – 1817) Garnisons- und Schloßprediger

Johannes Bugenhagen (Pomeranus, Doktor Pommer 1485

Werner von Blomberg

Wollin– 1558) Reformator

Hermann Burmeister (1807 Stralsund – 1892) Naturforscher

Bogislaus Philipp von Chemnitz (1605 Stettin – 1678) Geschichtsschreiber

Christian Andreas Cothenius (1708 Anklam – 1789) Generalmedicus Friedrichs des Großen

Alfred Döblin

Paul Dahlke (1904 Streitz – 1984) Schauspieler

Hans Delbrück (1848 Bergen – 1929) Historiker

Alfred Döblin (*1878* Stettin – 1957) Arzt und Schriftsteller

Emil Doerstling (1859 Dramburg – 1940) Maler

Anton Dohrn (1840 Stettin – 1909) Zoologe

Hans Domnick (1909 Greifswald – 1985) Filmproduzent

Peter van Eyck (1913 Steinwehr – 1969) Schauspieler

Jacob Fabricius (1593 Köslin – 1654) Kirchenlieddichter, Hof- und Feldprediger

Hans Fallada (eigtl. Rudolf Ditzen 1893 Greifswald – 1947) Dichter und Schriftsteller

Hans Fallada

Johann Frederus (1510 Köslin – 1562) Kirchenlieddichter

Otto Freundlich (1878 Stolp – 1943) Maler und Bildhauer

Caspar David Friedrich (1774 Greifswald – 1840) Maler der Romantik

Caspar David Friedrich

Heinrich George (eigtl. Georg August Friedrich Hermann Schulz, 1893 Stettin – 1946) Schauspieler

Friedrich David Gilly (1772 Altdamm – 1800) Baumeister

Carl Friedrich Goerdeler (1884 Schneidemühl – 1945) Leipziger Oberbürgermeister und Widerstandskämpfer

Hans Grade (1879 Köslin – 1946) Flugpionier

Karl Gützlaff (1803 Pyritz – 1851) Missionar

Ulrich von Hassel (1881 Anklam – 1944) Diplomat und Widerstandskämpfer

Johann Timotheus Hermes (1738 Petznick – 1821) Lehrer, Prediger und Schriftsteller

Claus Hinze (1542–1600) Hofnarr

Franz Ferdinand Hoepfner (1882 Stettin – 1939) Schriftsteller

Hans Hoffmann (1848 Stettin – 1909) Schriftsteller

Leon Jessel (1871 Stettin – 1942) Komponist

Uwe Johnson (1934 Cammin – 1984) Schriftsteller

Thomas Kantzow (1505 Stralsund – 1542) Chronist

Ewald Christian von Kleist (1715 Gut Zeblin bei Bublitz – 1759) Dichter und Offizier

Ewald von Kleist-Schmenzin (1890 Groß Dubberow – 1945) Gutsbesitzer und Widerstandkämpfer

Carl Friedrich Goerdeler

Uwe Johnson

Paul Konewka (1840 Greifswald – 1871) Meister des Scherenschnitts

Johann Gottfried Ludwig Kosegarten (1792 Altenkirchen – 1860) Orientalist und Schriftsteller

Franz Kugler (1808 Stettin – 1858) Kunstgeschichtler

Hans Langsdorff (1894 Bergen – 1939) Kapitän zur See

Karl Friedrich von Ledebour (1785 Stralsund – 1851) Botaniker

Julo Levin (1901 Stettin – 1943) Maler und Graphiker

Hermann Lietz (1868 Dumgenevitz – 1919) Schulreformer

Otto Lilienthal (1848 Anklam – 1896) Flugpionier

Heinrich Graf Luckner (1891 Kolberg – 1970) Porträtmaler

Franz Mehring (1846 Schlawe – 1919) Politiker und Schriftsteller

Wilhelm Meinhold (1797 Netzelkow – 1851) Pfarrer und Schriftsteller

Johannes Micraelius (1597 Köslin – 1658) Geschichtsschreiber

Martha Müller-Grählert (geb. Johanna Friedricke Karoline Daatz 1876 Barth – 1939) Heimatdichterin

Christian Ludwig Mursinna (1744 Stolp – 1823) General-Chirurgus

Hans Langsdorff

Otto Lilienthal

Joachim Nettelbeck (1738 Kolberg – 1824) Seefahrer und Volksheld

Paul Nipkow (1860 Lauenburg – 1940) Pionier des Fernsehwesens

Friedrich Adolph Nobert (1806 Barth – 1881) Erfinder

Bernt Notke (1440 – 1509) Bildschnitzer

Elisabeth von Oertzen (1860 Trieglaff – 1929) Schriftstellerin

Hermann Plötz (1870 Cretlow – 1946) Schriftsteller

Heinrich Graf von Podewils (1695 – 1760) Minister Friedrichs des Großen

Gustav Adolf Pompe (1831 Stettin – 1889) Theologe, Oberlehrer und Heimatdichter

Johann Printz von Buchau (1592 – 1663) Oberstleutnant Gustav Adolfs, Gouverneur von Nuova Suedia

Robert Prutz (1816 Stettin – 1872) Literaturhistoriker und Dichter

Hans Werner Richter (1908 Bansin – 1993) Schriftsteller

Johann Karl Rodbertus (1805 Greifswald – 1875) Nationalökonom

Albrecht Theodor Emil Graf von Roon (1803 Pleushagen – 1879) Generalfeldmarschall, Kriegsminister und Heeresreformer

Arnold Ruge (1802 Bergen – 1880) Politiker und Schriftsteller

David Ruhnkenius (eigtl. Ruhneken 1723 Stolp – 1798) Philologe

Karl Ludwig Christian Rümker (1788 Stargard – 1862) Astronom

Philipp Otto Runge (1777 Wolgast – 1810) Maler

Arnold Ruge

Carl Wilhelm Scheele (1742 Stralsund – 1786) Chemiker und Pharmazeut

Karl Ludwig Schleich (1859 Stettin – 1922) Arzt und Philosoph

Siegmund Schlichting (1853 Isinger – 1924) Komponist

Ludwig August von Schröder (der »Löwe von Flandern« 1854 Hintzenkamp – 1933) Admiral

Sibylle Schwarz (»Pommerns Sappho« 1621 Greifswald – 1638) Dichterin

Kurt Christoph Graf von Schwerin (1684 Wusseken – 1757) Generalfeldmarschall

Heinrich von Stephan

Cosimus von Simmern (1581 Kolberg – 1650) Kaufmann und Erzähler

Heinrich von Stephan (1831 Stolp – 1897) Generalpostmeister

Gerhard Stöck (1910 Schönlanke – 1985) Olympiasieger 1936

Rudolf Carl Virchow

Karl Albert Hermann Teike (1864 Altdamm – 1922) Schutzmann und Komponist

Franziska Tiburtius (1843 Bisdamitz – 1927) Ärztin

Albert Eduard Toepffer (1841 Stettin – 1924) Großindustrieller

Alfred Max Robert Uckeley (1874 Kolberg – 1955) Theologe

Henry Vahl (1897 Stralsund – 1977) Schauspieler

Rudolf Carl Virchow (1821 Schivelbein – 1902) Mediziner und Politiker

Otto Vogel (1838 Greifswald – 1914) Gymnasiallehrer und Dialektdichter

Martin Wehrmann (1861 Stettin – 1937) Schriftsteller und Forscher

Gustav Wimmer (1877 Stettin – 1964) Maler

Witzlaw III. (1265 – 1325) Fürst von Rügen und Minnesänger

Friedrich Heinrich Ernst Graf von Wrangel (1784 Stettin – 1877) Generalfeldmarschall

Friedrich Wilhelm Karl von Württemberg (1754 Treptow – 1816) König von Württemberg (seit 1806)

Sophie Dorothea von Württemberg (1759 Stettin – 1828) Prinzessin, als Marja Fjodorowna Gemahlin des Zaren Paul I.

Jakob von Zitzewitz (1507 Muttrin – 1572) Staatsmann

POMMERN

O S T

ARKONA

HIDDEN-
SEE

SASSNITZ

BERGEN

RÜGEN

GARZ

BARTH

STRALSUND

GRIMMEN

GREIFS-
WALD

WOLGAST

PEENEMÜNDE

USEDOM

TREPTOW

Vorpommern

WOLLIN

CAMMIN

Rega

GREIFENBERG

ROSTOCK

Peene

DEMMIN

ANKLAM

SWINE-
MÜNDE

REGEN

GOLLNOW

NAUGARD

UECKERMÜNDE

Mittelpommern

NEUBRANDENBURG

PÖLITZ

P O M

NEUSTRELITZ

STETTIN

STARGARD

PRENZLAU

Ihna

GREIFEN-
HAGEN

STRALSUND

GARTZ

ARNS

PYRITZ

SCHWEDT

Oder

FR

GREIFENBERG

TREPTOW

GREIFSWALD

STETTIN

KÖSLIN